佛陀教你不生氣

心平氣和的幸福生活智慧

野人

—推薦—

做個不生氣的自由人

人我不能和，所以爭執；國與國不能和，所以戰爭；色身四大不和，所以疾病叢生；人與自己的心不能和，所以懊悔、生氣、煩惱。**人要想不爭、不戰、不氣、不惱，不僅要看清不和的原因，還要瞭解生氣的癥結，然後一一「調伏」；也因此，佛教強調「修行」的重要。**

在佛教的《心經》裡，佛陀為弟子闡述如何「度一切苦厄」且真正「自由」的方法，從「觀自在菩薩」開始，不僅觀人自在、觀事自在、觀境自在、觀一切無常變遷，也依然自在；能夠自在的原因，是深悟「五蘊皆空」，洞察世間一切現象皆在變化中，且沒有獨自存在的個體，從相續的生命流轉看到變化，所以說是「空」，正因為了知一切相皆是「暫時存在的狀態」，所以面對人我是非，可以安忍；面對苦樂無常，也能無憂。

星雲大師在《佛光菜根譚》裡提到：「任難任之事，要有力無氣；處難處之人，要有知無言；行難行之道，要有信無懼；忍難忍之苦，要有容無怨。」由此看出，佛教一向重視和平、和氣、和諧，稱「和尚」以「和」為尚；大師講「五和」希望從「自心和悅」、「家庭和順」、「人我和敬」、「社會和諧」乃至「世界和平」，藉由慈悲、平等，去除我執的修持，過自在的生活。

很高興看到《佛陀教你不生氣》這本書的出版，在生活忙碌又快速的步調中，作者從佛陀的智慧，提供給現代人觀照的功夫，剖析生氣者的思惟，讓讀者從而認識自己生氣的病因，同時找到治病的良藥，與對治煩惱的方法，畢竟「怒氣招災，怨氣引恨；和氣致祥，喜氣生瑞。」

讀完後，您會知道：**能不生氣的人，才是真正懂得做自己主人的「自由人」**。

人間佛教讀書會執行長

釋覺培 2011/6/20

一推薦一

世界在我們的思緒中成形

人是情緒的動物。從蠻荒到文明的演化過程中，人類大腦裡還保有原始的「爬蟲類腦」，也就是喜怒哀樂恐懼忿怒等非常本能的情緒反應。因此，真的要我們別那麼愛生氣，並不是很容易的。

佛陀在《法句經》裡說：「世界在我們的思緒中成形。」的確是如此，想像力是「心智的剪刀」，時時刻刻、分分秒秒，這把剪刀不停地修剪人心裡看到的畫面，這些我們想像出來的景象，就會在現實世界中實現，因為我們的想法創造我們的生活，而我們的話語又表明了我們的想法，因此要注意我們所說的話。

很多時候我們生氣是來自於與別人不同意見與爭執，但是佛陀也曾經說過：「苦難的根源是執著。」**事實是個相對的概念，我們各自活在不同的世界中，因此沒有絕對的事實，只有不同的觀點，所以不要為了與別人爭執是非對錯而陷入僵局，只要瞭解彼此的觀點不同，記憶不同，然後繼續往前邁進即可，不要陷溺於執著中。**

我也很同意作者所說的：「心」這樣的東西，只要一再向它陳述同樣的內容，他將出乎意料地照單全收。

我想這裡所指的「心」，大概就是我們常說的「潛意識」吧！心理學上有很多研究，包括催眠與潛意識的力量，所謂比馬龍效應或自我實現的預言，弄假成真的策略在腦科學研究中真的證實是有效的，我們怎麼行動就會變成怎麼樣的人，如果我們先假裝很熱情，就會真的變得很熱情；假裝自己很快樂，就會真的快樂起來。所以就算不是真心的笑也無妨，並不是因為幸福才笑，也可以是因為笑了才幸福。

不過，我們必須注意的是，**潛意識純屬單純的力量，不具方向性，就像蒸氣或電力一樣，接受引導卻不具自行判斷的能力。換句話說，我們給予正向思考，就有正面的力量，給予負面想法，就產生負面的力量**，而且潛意識毫無幽默感，我們如果經常貶抑自己，常常消遣調侃自己，潛意識也會信以為真，把自己帶入不幸的情境中。若是經常生氣，對周遭一切都看不順眼，腦海中充滿了負面的想法，我們的潛意識當然也就會塑造出令我們不滿或痛苦的世界。

在非洲草原的狩獵時代，恐懼、忿怒可以幫我們活下去；但是在文明的複雜生活中，生氣只是讓我們把事情搞砸或者形成各種慢性病。因此，如何控制自己的情緒是現代人非常重要的課題。

本書深入淺出地以許多日常小故事，結合佛教教義，從審視自己中，不再生氣，也因此能找到屬於每個人自己的幸福。

暢銷作家、荒野保護協會榮譽理事長

李偉文 2011/6/20

讀者書評

因爲閱讀本書，我開始學會思考：「現在的怒氣一年之後是否還有生氣的價值？」確實感受到絕大部分的怒氣都消失了。

——Dr.M

每天怒吼著把我的話當耳邊風的部下時，閱讀了這本書。閱讀後，很自然地接受怒氣產生的機制。以往部下屢勸不聽時，我總是會認為部下把我當傻瓜。但就像本書說的：「所有的怒氣都根源於『斷定只有自己正確』的我執。」我清楚地了解為什麼生氣會造成損失？這是第一次閱讀到，只改變正面看待「怒氣」的態度，就能改變人生觀的書籍。

——Torakki

因爲訓練孩子上廁所以及和孩子互動，總是處在怒氣中成了「魔鬼媽媽」，想改變自己雖然看了很多育兒指南和成長訓練書籍，甚至嘗試網路上的線上諮詢，卻都徒勞無功。讀了這本書後，茅塞頓開。照著本書的指引，試著覺察自己的怒氣，在兩星期之內，責罵孩子們的次數驟減，連自己也感到十分驚訝。

——hikomako

「不管面對任何事，就是不可以生氣。」作者嚴厲但淺顯易懂，連中學生也能了解的方式說明這個道理。

——vega

對於動輒生氣的人而言，閱讀本書可能會相當難受。「生氣者就是人生的失敗者。」「怒氣是人生的小偷」「怒氣是笨蛋的行為」……但是，本書最令我銘記在心的一句話是「怒氣會破壞自我」。的確如此，隨著年紀增長，只要一生氣就令我疲憊不堪。真的是可以令人從怒氣的負面循環中釋放出來的一本好書。

——泥龜

「不惱怒（嗔）」是佛教戒律之一。我過去也曾經嘗試各種方法去實踐，但總是難以確實遵守。看了本書之後，我才明白：原來生氣完全是「因為我想生氣」的道理。

——日本丸

厭煩了每天總是不斷責罵孩子的自己，所以買了本書。真的很有幫助！請務必一讀！因為本書，原本會使我爆青筋的事，突然減少了很多。感謝作者寫了一本這麼棒的書。

——奈緒媽媽

「生氣者比動物更低等。」讀到這句，不禁心頭一震。「這不就是在說我嗎？」（苦笑）的確，生氣時全然喪失理性、手足因怒氣而發顫，臉也扭曲了。剩下的就只有空虛和疲憊。值得推薦給和我一樣缺乏耐性的讀者。

——Pokomyu

【目次】

第二章

忿怒是幸福的殺手

第三章 做一個不動怒的人

第四章 怒氣退散

第一章

「忿怒」是什麼？

「忿怒」是幸福的敵人

——不想生氣就要了解它的本質！

我生氣＝我是笨蛋!?

「會生氣是正常的！」
「生氣有什麼不對？」
「不生氣根本是孬種！」

我們經常在日常生活中，聽到有人這麼說。

實際上，如果真要計算生氣的人數，那還真是數也數不完。各位身邊一定也有愛生氣的人吧！他們動不動就口出惡言、指責他人的不是、露出一副凶神惡煞的模樣。近來，社會上更出現一股趨勢，認為「忿怒是天經地義的反應」。

但是，「忿怒」這類的言詞，本來是不該動輒掛在嘴上的。因為一旦脫口說出

「我生氣了」，其實就等於四處向人宣告「我是個笨蛋」。倘若了解忿怒真正的意義，我們就不會輕率地把它說出口。

反過來說，我們會在日常生活中頻繁地聽到「生氣」這個詞彙，就是因為**大部分的人，並不明白什麼是忿怒**。

生活中會讓人動怒的事情俯拾皆是，但一天到晚怒氣沖沖的人，生命中只有灰暗和苦澀。他們原先也夢想有個幸福快樂的人生，卻沒能如願；那是因為他們總是抱著「連看到郵筒是紅色的，也會一肚子氣」的態度，才使得生活中充滿了忿怒。

接下來，就讓我們來認識幸福的敵人——忿怒，究竟是什麼？

很多人問我：「我明明不想生氣，為什麼老是忍不住大發脾氣呢？」教大家一個能夠徹底解決這個問題的方法。

一旦說出「我生氣了」，其實就等於宣告「**我是個笨蛋**」。

那就是——「不要生氣」。

的確就是這麼簡單。只要不生氣就好了。

難道不是嗎？

只要不動怒，就不會有怒氣。這是唯一的答案。不生氣就行了。

其實，每個人都「愛生氣」！

若有人認同我的觀點，心想：「說得對，不生氣就好了！」那就不必往下讀了。只要不生氣，就能得到幸福。

不過，通常聽到我說：「只要不生氣就好了。」幾乎每一個人都會很不高興地反駁：「就是沒辦法不生氣才要問你呀！」

實際上，每個人都認為：

「我就是想盡情發脾氣嘛！可是，生氣是不好的。有沒有什麼好方法可以教教我呢？」

每個人其實都想盡情發脾氣，但又覺得不要生氣比較好。卻沒察覺到這兩者之間的矛盾，才會違背本心，宣稱自己不想生氣。

我說的沒錯吧？你之所以會生氣，僅僅是因為想要發脾氣罷了。說自己不想生氣是騙人的。若是真心不想生氣的人，一定自我警惕，留意別為小事發怒，就算忍不住發了脾氣，也會感到難為情，甚至覺得沮喪。

佛教並沒有教導人如何隱藏怒氣的方法。人生實在太短暫了，佛法只是試著教導人們，如何在有生之年，成為「真正的人」。

你想要幸福嗎？

倘若是真心盼望獲得幸福，首先就得承認「真糟糕，我就是愛生氣。」

然後，我們再一起來了解「什麼是忿怒」以及「我們為什麼會生氣」。因為，**要解決問題，就必須先從理解問題的本質開始。**

你之所以會生氣，

僅僅是因爲**想要發脾氣罷了。**

生活不是「忿怒」就是「歡喜」

在介紹佛陀對於「忿怒」的見解之前，我想先明確定義「忿怒」。忿怒和歡喜相同，都是從心底驀然湧升的一種情感。

我們看到自己的家人或是喜歡的人，心裡馬上會浮現歡喜的情感。又比方吃東西時，看到美味的食物，以及把食物送進口中的那一刻，也會產生愉悅的情感。這些情感都是剎那間湧現的。而忿怒就和歡喜相同，都是從內心萌發的情感。

大致說來，**我們的生活中，總離不開這兩種情感：歡喜，以及忿怒**。

忿怒竄升的瞬間，歡喜就消失了

在巴利語（忠實地傳達釋迦牟尼話語的古印度語）中，詮釋忿怒的詞彙雖然很多，一般常用的是「瞋」（dosa）這個詞。「瞋」的本意是指汙穢、混濁，繼而延伸為

能說出「**我很好**」的時刻，
就代表不生氣。

「黑暗」的意思。

我們的心，如果產生了那種汙穢、混濁的情感，必然會喪失某種東西，那就是「喜悅」的情感（巴利語稱為 pīti）。當我們產生怒氣的剎那，就在同一瞬間，也失去了喜悅。

因此，**忿怒其實很容易被察覺**。

當你不確定自己此時此刻是否正在生氣時，只要捫心自問：「我現在開心嗎？」「我現在快樂嗎？」如果回答是「沒什麼可高興的」「挺無聊的」，表示內心正潛伏著怒氣。

當你出現「好無聊」「真討厭」的感覺時，心中一定懷有怒意；在你感到「好開心喔」「我好幸福」「真讓人雀躍」的時刻，心中就不會有怒氣。

換句話說，能說出「我很好」的時刻，就代表不生氣。

請透過這樣的自覺方式，觀照從內心萌發的真正情感，而不是只認識忿怒的表面字義。這麼一來，我們就能更進一步地了解忿怒的真正本質。

陰鬱情感（dosa）越強烈，越容易忿怒（vera）

情感具有「逐漸增強」的特性。隨著情感的強弱，所導致的結果也不一樣，所以必須使用不同的詞彙來表現。

舉個比較容易明白的例子來說明。

一般家庭使用的電力不會太強。在我們的身體裡面，有著微量的電力流動，但並不足以使小燈泡發亮。但是，即便是這樣的微量電流，在匯集成不同形式的電流後，將會產生不同的作用。例如，當它匯集成具有幾百萬伏特電壓的靜電時，就會形成能量強大的雷電現象。雷電的電力，當然和三號電池的電力有天壤之別，但雷電也是電力的一種。即使碰觸一顆電池的電力，也不會對身體造成任何影響；但萬一觸摸家裡的插座，造成觸電休克的話，說不定會小命不保，甚至釀成火災悲劇。

由此可見，同樣是電力，如果蓄積的壓力過高時，所造成的影響是截然不同的。

那麼，忿怒又是如何呢？

「今天好無聊喔，無聊透了，煩死了啦！」

當你有這種感覺時，雖然帶著忿怒，但還不是相當強烈的情緒。

可是，如同剛才舉例的電力匯集，當這種忿怒蓄積的壓力逐漸上升時，那就危險了。有可能會突然爆發而危及自身，或是殃及其他無辜的人。此外，像方才說的電池和雷電的比照，即使同樣是忿怒，也有程度上的差異，必須把忿怒依照強度加以區別。

當忿怒極為強烈時，人們會不由自主地咬牙切齒、握緊拳頭，甚至氣得全身發抖，這種極度強烈的忿怒，巴利語為「vera」。巴利語之中還有許多關於忿怒的詞彙，我在此介紹一些，相信有助於各位的學習。

當忿怒蓄積的壓力上升時，

有可能會突然爆發而危及自身，或是殃及其他無辜的人。

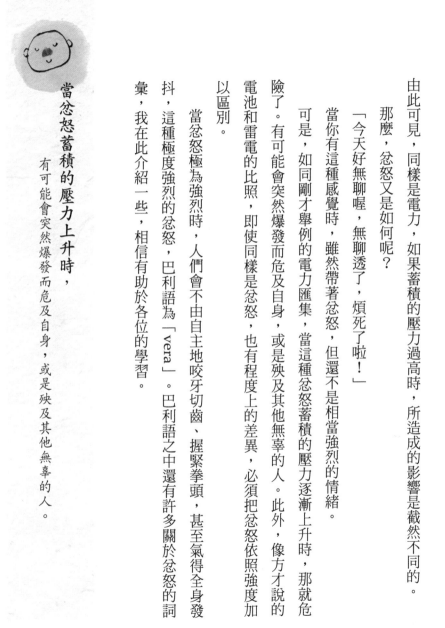

下文雖然介紹了各種有關忿怒的詞彙，不過本書的重點放在「忿怒」（vera）和「瞋心」（dosa）這兩個詞彙上面。

【巴利語中忿怒的各種詞彙】

巴利語	語意	詳細說明
Upanāhī	怨恨	意指一旦產生忿怒，就不易消退，可能會持續幾天、幾個月，甚至一輩子。
Makkhī	習慣貶抑他人的性格	具有這種個性的人，總是自視甚高，也蔑視他人的優點。對於別人的才幹、能力、美貌、體力等長處無法由衷認同，總是雞蛋裡挑骨頭，故意找碴。屬於忿怒的一種。
Paḷāsī	和他人競爭的心理	無法與他人和諧共處，總是想和他人競爭、想擊倒對方、戰勝對方。由於經常挑戰周遭的人，導致時時處於與他人競爭的心態。屬於忿怒的一種。
Issukī	嫉妒	因為不想認同他人的優點，把這種能量往自己的內心積壓，形成負面的情緒。

不想認同他人的優點，把這種能量往自己的內心積壓，**形成嫉妒的負面情緒。**

Maccharī	慳吝	也就是一般說的吝嗇。或許有人認為吝嗇等於貪婪，其實並不相同。這種人不喜歡把自己的東西給旁人使用而讓旁人開心。他的性格陰鬱，無法與人分享和同樂。屬於忿怒的一種。
Dubbaca	頑固	人們不管歷經多少時間，都不可能變得十全十美，所以，我們必須接受他人的指導才能有所成長，並應該窮其一生向他人學習。但這種人無法接受他人指導自己該做與不該做的行為，而產生了抗拒的心態。屬於忿怒的一種。
Kukkucca	後悔	有些人誤以為後悔是種很酷的表現。事實上，後悔和反省是兩回事。具有這種陰暗性格的人，只要回想起過去的失敗和錯誤，就會懊惱不已。這是非常不好的忿怒。
Byāpāda	瞋恚	可說是異常的忿怒。即使沒有任何理由，也會亂發脾氣；若是有特別的因素，發起脾氣來就會格外激烈。因忿怒而打人，甚至殺人的，就是屬於這種類型。

兩種能量——歡喜＝創造，忿怒＝破壞

當陰鬱、失去幸福、感到不幸的種種瞋心越來越強時，就會升高到忿怒的程度，怎麼也無法平靜下來。要是更趨強烈時，可能會付諸行動，破壞許多事物。別的不說，首先破壞的就是自己，其次是毀滅他人。世上發生破壞的種種原因，就是來自於忿怒。

人世間，創造出萬事萬物的泉源是來自於歡喜；相反的，破壞這創造出來的萬事萬物的，則是根源於忿怒。這是普遍存在於世上的兩種能量。

因此，說得更極端一點，**歡喜和忿怒就是一體兩面。世上的一切事物，都是由這兩種能量運作而來的。**

情感不人格化，才能洞察本心

印度教認為：「梵天（Brahmā）創造天地萬物，濕婆（Śiva）則主司破壞、毀滅一切。」這是一種將一切予以二分法的思維。印度教相信神祇駐留在人類的一切情感與行為上，亦即萬物有靈，因而也將神的世界予以二分法。

基督教的思維，則是將「歡喜」人格化，稱為「神」；也把「憎恨、嫉妒、忿怒」人格化，稱為「惡魔」。這麼一來，人類就會認為「一定要虔誠信奉神」「非得和妖魔對抗不可」，於是在心中勾勒出各種影像並且付諸行動。結果導致「究竟神是否存在」「是否真有惡魔」之類的哲學思辯蓬勃發展，白白浪費了時間。

用這種將情感人格化的方式，來說明人類的情感，表面看來或許解釋上會變得

世上發生破壞的種種原因，

就是**來自於忿怒**。

很容易，但是由於**無法具體洞悉問題，當然就不可能有具體實行的方法**。因此，佛教不把人類的情感予以人格化。

一開始只為了淺顯易懂，而將情感人格化，其結果就是使得人們的思考傾向於「情感和自我是各自獨立存在的。我只是受到了迷惑而已，錯不在我。」把過錯都推到別人頭上，將好處都攬到自己身上。

就是因為心存「錯不在我」的觀念，所以就不會真正洞察自己的內心，因而鑄下了嚴重的過錯。

因此，佛法告訴我們的是：「必須站在科學觀點來詳加分析，留意不將人類的情感人格化。」

蟑螂噁心與否，取決於自己怎麼想

以下，是從佛法的觀點來分析情感萌發的過程。

我們睜開雙眼一看，發現面前綻放著一株美麗的玫瑰。

一邊欣賞，心中同時產生「這朵花真漂亮」的愉悅情感，這就是歡喜。

接著，我們閉上眼睛。等到再度睜開眼睛一看，沒想到這次竟在花瓣上瞧見一隻大蟑螂！

頓時，心裡湧現「哇，好討厭，噁心死了」的負面情緒，這就是忿怒。

這種「討厭」的感覺，究竟該歸咎於誰？

通常會有兩種邏輯。

其一是「當然是這隻該死的蟑螂讓我發怒的，都怪蟑螂不好」；另一種則認為「其實是我自己不好」。

這正是關鍵所在，一定要先從這裡開始**認清問題的本質**。

當我們看到花而覺得：「啊，好美！真想一直看著它，好想要。」這就是認可花朵。我們心中對某個對象產生「真好，我好想要，真美呀」的這種「接受的情

心存「錯不在我」的觀念，所以就不會真正**洞察自己的內心**。

感」，英語稱作acceptance或是accept。

但是，我不同意是因為看到了蟑螂，以致壞了心情的邏輯。

「根本不想看」「討厭」「離我遠點」「滾開」等「抗拒的反應」，英語稱為rejection，或是reject。那麼，這個accept和reject的反應，也就是「接受」和「抗拒」的反應，究竟是誰造成的呢？

真正的禍首是「我們自己」。

我們會把眼睛看到的、耳朵聽到的、身體感官接觸到的萬事萬物，都像這樣予以二分法。

如果接受該事物就產生歡喜，抗拒的話則產生忿怒。

也就是說，是否會導致生氣，原因出在個人性格上。究竟要開朗樂觀地活著，抑或是充滿痛苦、懊悔、怨懟地過一輩子，完全取決於個人的選擇，除此以外，沒有其他的原因。

對雞來說，蟑螂可是美味佳餚

玫瑰只是依其天性而綻放，並沒有央求你「看看我，我很美吧！」人們抱持什麼樣的想法，和玫瑰一點關係都沒有。完全是人類逕自認定玫瑰很美。

相同的，**認為蟑螂很噁心，也是人類自私的想法**。

難道蟑螂真是那麼不堪入目、令人毛骨悚然的生物嗎？

或許各位現在已經很少看到這種景象了，事實上，雞經常吃蟑螂。雞看到蟑螂時，想必認為：「看起來真好吃，一口吞了吧！」這就是「接受」的現象。雖然我們看到蟑螂因抗拒而會產生忿怒，可是雞看到蟑螂卻會產生非常美味的情感。

儘管我們看到玫瑰時，會自然生出歡喜；可是玫瑰對雞來說，只會出現「什麼嘛！無聊！礙手礙腳！真煩人」的負面情緒，說不定還會產生抗拒的反應。

是否會導致生氣，完全取決於**個人的選擇**。

對相同事物的情緒反應因人而異

多數人都會認為花很漂亮。但是對於食物和服裝的看法，則會因文化不同而會產生很大的差異。

在世界各國文化當中，有些文化觀念是：「女性不能讓別人看見自己的身體。因為身體是醜陋的，應當加以遮掩。」

在這樣的文化情境下，要是看到有個女人把身體的七五％都裸露在外面，其他人會感到十分不舒服；相反的，如果是處於「身體應當盡可能多裸露出來才美麗」的文化圈裡，大家就會認為：「這個女人非常漂亮，是個大美女，真會打扮！」

中東國家的女性，大多以黑色的毛料把臉罩住，只露出一小部分的手。就算在罩袍下精心打扮，佩戴著金項與耳環等飾品，也沒有任何人看得到。

也許這些國家的男性光是看到纖纖玉手就會覺得：「啊，真是絕世美女！」「真性感！」不過，由於看不到臉龐，其實無法分辨這位女性究竟是上了年紀的老太太，還是可愛的女輕女孩。所有的女性看起來全都一個樣兒。

從我們的文化角度看來，或許會懷疑這麼一來，就算長得再漂亮，也沒有用呀！可是，對於中東國家的人來說，這卻是再自然不過的事。

吃生魚片是享用美食？還是殘酷的行為？

日本著名的美食之一，是將整尾活生生的龍蝦快速切塊後，直接上桌享用。

此時，龍蝦如天線般的觸鬚還會顫動，眼睛也滴溜溜地轉來轉去瞪著你，但牠的身軀已經全都被利刃劃切成一塊塊的了。

日本的美食家看到了，都會迫不及待地想大啖珍饈。

可是，假如請印度人或斯里蘭卡人來看這幕景象呢？別說是品嘗了，恐怕他們會嚇得當場奪門而出，再也不敢到那戶人家做客了。

對我們來說，罩住臉只露出手，長得再漂亮，也沒有用！

可是，對中東人來說，這卻是**再自然不過的事**。

「在魚還活生生的狀態下吃牠？應當禁止這麼殘酷的行為！」這是印度人的想法，所以會產生強烈的抗拒反應。

然而，日本人根深柢固的思維卻是「這種吃法才是最高級的新鮮美食」，所以會產生愉悅的情感。

我曾看過一個電視節目，拍攝內容是邀請一個居住在非洲山裡的家庭，到日本體驗不同的生活。

日本人聽說這個家庭向來在山上過著十分原始的生活，從來不曾有過奢華的享受，便將一條大魚調理成生魚片擺在餐桌上，以示最熱忱的招待。

結果非洲家庭的所有成員，看到生魚片後全都倒盡胃口，對於眼前的美食無不別開視線，哀嚎著請快點拿走呀！其中，有個十八歲男孩的反應尤其激烈，悍然表示再也不想看到這個東西。日本家庭在無可奈何下，只得將生魚片收回廚房裡。

像這樣，在不同的文化背景中成長，面對相同的事物時，卻會出現大相逕庭的情感。

情感會受到教育、生長環境，甚至是傳播媒體的影響。我們對是非善惡的判

斷，以及事物認知的能力，也全都受制於意念的控制。

有些人只要一聽說今年流行這個東西，根本不加思索，一看到就認定這個東西真不錯。比方說，其實黑色並不討喜，只因為現在流行黑色，就認定「黑色真炫」，結果整條街上全成了黑鴉鴉的一片。一旦人們知道現在流行的是這個顏色，視角就會產生不可思議的改變，開始認為這顏色真美，並且產生了喜悅的情感。

在不同的**文化**背景中成長，面對相同的事物時，卻會出現**大相逕庭的情感**。

改變想法，才能幸福

如同上述例子，情感很容易受到外界的影響。

不過，追本溯源，端看個人的態度。

一定要先了解，不管是忿怒或歡喜的情感，都是出自於自己的意念。

生氣絕對不是別人造成的，而是咎由自取的。

但相對的，這同時為我們帶來一線希望的曙光。

亦即，只要修正自己的想法，將忿怒完全逐出心中，只讓歡喜和幸福留存下來，就能邁向真正的幸福人生。

既然生而為人，就該以求得真正的幸福做為目標，這就是佛教的思想。

堅持己見，才會導致怒氣橫生

對他人生氣，是因爲人們
總是**認爲自己是正確的**。

既然明知不要生氣比較好，為什麼我們還會生氣呢？

每一次發脾氣，總是理直氣壯地認為自己是基於某種原因才會生氣。然而，如果仔細分析生氣的理由，就會發現其實完全是因為依照自己的好惡做出判斷，以致於大發雷霆。

對他人生氣，是因為人們總是認為自己是正確的，錯的是對方，所以會動怒；倘若認為對方才是正確的，那就不會發脾氣了。這點請務必謹記在心。

當人們覺得「我才是最正確的、最完美的、無懈可擊，一切都怪對方不好」，才會充滿忿怒。

那麼，對自己生氣時，又是怎樣呢？

其實也是同樣的情境。

每當進行某件工作，進展卻不順利時，我們也常對自己大發脾氣。

比方說，聽到自己罹患癌症時，全然無法理解為什麼自己會得到這種病；又或者，有時候會責備自己，在工作上分明能夠做到無懈可擊，這次竟然出錯連連；還有的人認為自己各方面的表現都十分完美，卻總是做不好料理。這些不同情況下的錯愕與挫折，都會使他們感到相當忿怒。

「只有我是對的」才是人們真正的心聲

認為自己是無懈可擊、百分之百正確的思維，真的有道理嗎？

要是我問你：「你真的是個十全十美的人嗎？你真的認為自己是完全正確的嗎？」你大概會回答：「沒那回事，我根本沒這麼想。」

要是我接著說：「原來如此，那麼，你就是一個笨蛋。」你一定會立刻氣得七竅生煙。

也就是說，你的言行和本心是自相矛盾的。

在他人的面前，為了表示自己謙虛，所以嘴上推說：「我真糟糕，什麼事都做不好！」

心裡卻想著：「沒這回事，我才是唯一勤奮的人。其他人都隨便敷衍，那樣是不對的。」

再比如，常常見到母親責罵孩子，老師責備學生，或是上司斥責部屬的景象。

或許孩子、學生與部屬是真的犯了錯，才會遭到責備。

這時候，責備人的一方認為「因為你犯了過錯，所以我才會罵你」，藉此將自己的忿怒合理化。

其實，當對方有過錯時，只需針對錯誤指導改善的方法就夠了。

你大可和顏悅色地告訴他：「這樣子不對喔！下次注意別再犯同樣的錯誤。」

然而，我們卻藉機大發脾氣。

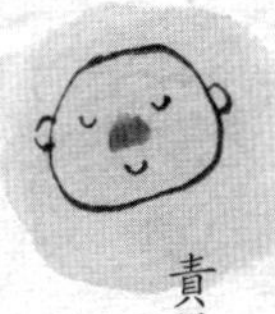

責備人的一方認爲「因爲你犯了過錯，所以我才會罵你」，藉此將自己的**忿怒合理化**。

這是因為在這種時刻，充斥在我們腦海裡的思維是：「我是正確無誤的，我說的話是對的，我的想法沒錯。」

了解「我總是犯錯」就不會生氣

然而，這種認定自己正確無誤的思維，卻是大錯特錯的。我們應該修正為「我不可能永遠是對的」。內心深處若浮現「自己是完美、正確」等荒謬想法，請儘早捨棄比較好。只要靜下心來想一想就能明瞭，人類怎麼可能會是十全十美的呢？只要是能對事物做出正確判斷的知識份子，就一定會曉得：「我不可能完全不犯錯。雖然現在我說的意見看似很有道理，也一定有其破綻之處。」語言本身就不是完美無瑕的，自己所使用的詞彙、比喻也不可能毫無缺失，怎麼可能做得到盡善盡美呢？

好比前述所舉的事例中，即使孩子、學生和部下是真的犯了錯，但責備者的說話方式，或許也有尚待商榷的地方，這麼一來，就變成雙方都有過錯。

因此，「**認為自己絕對正確，是不合理、不真實、騙人的、荒唐的想法**。天底下沒有像自己這樣的傻瓜，竟會根深柢固地相信這麼荒謬的事。」如果能徹底理解這一點，你就不會再生氣了。

「我不能保證自己一定正確無誤，我並非十全十美，也經常犯錯。」能夠牢記這一點的人，就不會再發脾氣。

認定自己正確無誤的思維，應該修正爲「**我不可能永遠是對的**」。

言語沒有絕對正確性

我們上座部佛教（theravāda，又稱南傳佛教、巴利語佛教，與大乘佛教並列為現存佛教最基本的兩大派別。）相信世上沒有任何人能夠像佛陀般完美。無論展示出任何研究數據，我們都深信佛陀是史上最優秀的聖人。各位相信與否都無所謂。

只要讀過佛經，就會明瞭佛陀在和人說話的時候，向來十分小心選擇言詞。佛陀從不說出敷衍搪塞的詞語，總是謹慎地挑選適當言詞來表達。

即使如此，由於語言本身就不完整，有時不免招來誤解。

有人對佛陀說：「請用一兩句話來說明祢的開示。」佛陀回答：「好。我知道了。」於是，佛陀用了三、四個詞彙，來說明自己的教誨。

可是，這樣解釋以後，那個人根本聽不懂，只扔下一句：「怎麼盡說些莫名其妙的話！」就氣呼呼地回去了。

換成一般人，可能會生氣地說：「本來就是你自己要求說得簡短一點的呀！」

但是佛陀並沒有生氣。

這件事過後，佛陀若無其事地對比丘（出家僧侶）們大致敘述了來龍去脈。他描述有一個什麼樣的人來了，提出了什麼樣的問題，於是我就這麼回答了，但那個人聽不明白，所以他吐了一下舌頭後就回去了。

從這段軼事中可以了解：即使是佛陀，也無法以言語完美地詮釋教義。佛陀很清楚這一點，所以他才會說：「那個人很生氣，所以譏諷地朝我吐了舌頭後回去了，這是理所當然的。」佛陀對這件事絲毫沒有耿耿於懷。他並未因為自己說明得這麼清楚，對方卻不了解而感到生氣。即便是在平時，如果僧眾們央求他：「佛陀，我們不明白您說的道理，能不能再為我們詳加開示呢？」佛陀便會不厭其煩地將蘊含其中的深奧道理仔細解釋。

我常看到媽媽對孩子發脾氣「到底要我說幾遍你才懂呢？」或是對孩子反覆嘮

語言本身就不完整，有時不免招來**誤解**。即使是佛陀，也無法以**言語**完美地詮釋教義。

叩「趕快把這件事做好」、「不可以做那個」等等。但是，孩子還是當作耳邊風，以致母親開始懷疑：是不是有些事不管說幾次，孩子仍然不明白？又或是，也許自己表達的言語未必正確？

實際上並非「表達的言語未必正確」，而是因為「言語自身就無法正確」。因為言語本身就是一種有缺陷的東西，所以不可能達到完全正確的境地。這樣充滿缺陷的言語，再透過不完美的我們傳達給同樣不完美的對方，無論我們再怎麼竭盡心力選擇適當的詞彙，想保證能夠正確而完整地傳達，根本是緣木求魚。

對人過度溫柔也會招來嫌惡

有時候，妻子期盼夫婦恩愛，所以每一天都全力以赴為對方著想。全力以赴雖是很好，不過，這是正確的做法嗎？

妻子擔心丈夫而過度悉心照顧的結果，有可能反倒遭到嫌棄。妻子覺得男人都會被溫柔的女性吸引，所以就對丈夫關懷備至。不過，感受是因人而異的，或許反而讓某些人覺得不自在。即使採用相同的對待方式，也沒有人能夠保證結果如何。這是因為雙方都不是完美無缺的。

若有妻子埋怨：「我一直都這麼溫柔地照顧他，他居然離家出走了。」這時，請捫心自問：「我真的這樣認為嗎？我確實完全盡了本分嗎？」這麼一來，應該會察覺到「該做而沒做」的部分。如果已經全力以赴，結果卻不如預期，至少會感到「雖然結局未盡人意，不過，我並不後悔，因為我已經盡力了。」

凡事盡全力，不計較結果

全力以赴並不是什麼壞事，甚至應該說是一件好事。

但是，如果因而要求完美的結果，那就大錯特錯了。**只想獲得對自己有益的結**

全力以赴並不是什麼壞事，但是如果因而**要求完美的結果**，那就大錯特錯了。

果，是人類最嚴重的無知。

世界不是以你為中心而運轉的。所以，希望一切進展順利的心態，是徹底的無知。請儘快拋開這種無謂的期望。生存在這個世上的我們，能夠活得坦然平靜的祕訣，就是知道自己是不完美的，所以對他人也不要求完美的結果。

不管是我、其他人、乃至於世上的任何人，全都不是完美的。妄想一切都能進展順利，根本是痴人說夢。

不消說，敷衍了事並不好，每個人都該全力以赴。應當抱持智慧而高超的生活態度，竭盡全力，但重點是「不問結果如何」。這樣一來，就不會怒氣橫生了。

如果抱著自己是完美無瑕、零缺點的無知想法，只要事情的發展和自己預期的不一樣，就會開始生氣，結果每次都會換來遍體鱗傷。這樣不是很荒謬嗎？怎麼看，這都是無知的生活方式。

生氣的人到底在氣什麼？

我們一起來想想看，「忿怒究竟是從何而來的？」

假如不仔細深究這個關鍵，將無法對自己有任何幫助。若是以聽聽生活小常識的態度，左耳進右耳出地聽過就算，絕對無法掌握真正的幸福。理解佛陀的教義，只要徹底而主觀的思考，當下就會感到很幸福，能迅速進入解脫之道。

因此，只要體認到這是為了自己好，就能認真專注而細細地咀嚼體會。

通常，生氣的人是這麼思考的：

「忿怒究竟是從何而來的？」

假如不仔細深究這個關鍵，絕對無法掌握眞正的幸福。

彼罵我打我，敗我劫奪我。

若人捨此念，怨恨自平息。*

接下來我再針對「罵我」（受責備，akkocchi maṃ）、「打我」（被欺負，avadhi maṃ）、「敗我」（遭挫敗，ajini maṃ）、「劫奪我」（被竊取，ahāsi me），做更加詳細的說明。

---

*巴利語的原文為Akkocchi maṃ avadhi maṃ ajini maṃ ahāsi me,Ye taṃ upanayhanti veraṃ teasṃ na sammati.（Dhammapada,3）

akkocchi＝以嚴厲的言詞斥責；maṃ＝我，指的是「那個人是不是在斥責我呢？」「這個人是不是在責備我呢？」的意思。

avadhi＝傷害、欺負；maṃ＝我，也就是「那個人是不是在欺負我呢？」的意思。我們有時會因為他人遭受到各種精神及肉體的折磨。被別人傷害或欺負時，我們心裡會想「啊，這些人傷了我，我被欺負了。」

ajini maṃ＝勝過我。我們在各種人生的競爭中嘗到挫敗時，會覺得「我輸給這些傢伙了（They defeated me.）」或是「這些人贏過我了（I was defeated by them.）」英文的 defeat 就是挫敗的意思。

ahāsi me＝擁有的物品被人不告而取。亦即「我的東西被偷走了。」「分明是我的東西，為什麼被偷走了呢？」的意思。

受責備而生氣

「受責備」（akkocchi mam）的現象，不管是在過去、現在以及將來，都一直存在這世上。人們在聽到別人說的話，經常會有以下的感受：

「我被責罵」「我受到批判」「我被忽視」「我沒受到肯定」「這個人完全漠視我」「他看不起我」。

當你這麼想的時候，心情是愉悅的嗎？當你覺得自己好像被當作傻瓜的時候，感覺很幸福嗎？

心情並不好受是吧！只要一想到「我完全被忽視了」「我完全被看扁了」「我是不是被漠視了」，心情會變得很差。

而且，不是只有當下這麼想而已，甚至會一直惦記著那件事情。

當你覺得自己好像被當作傻瓜的時候，感覺很幸福嗎？

一直惦記著不幸福的感覺好嗎？

人們的性格特質是，對於有用的內容往往輕易遺忘，就像念過的書往往一下子就忘記；我說的話，大家也立刻忘得一乾二淨。

但別人對我們說的那些令人不舒服的話，卻一輩子也忘不掉。唯獨在這樣的情況下，記憶力會突然變得很好。

被欺負而生氣

「被欺負」（avadhi maṃ）指的是身體遭受到痛苦、受到暴力的對待。

在校園有霸凌事件，即使成人以後進入社會，欺侮彼此的霸凌現象依然存在。施暴者不僅限於男性，女性也會這麼做。

遭受欺負的一方，深烙心中的傷痕，永遠難以忘懷，這是人類自然的本能。

對於他人友善的對待很容易遺忘，只有被欺負的事就像刻鑿在石頭上的字，一輩子都會牢記在心。只有受害者會因此而痛苦不已，相反的欺負的一方並不會感到任何痛苦，況且他們也沒有讓對方痛苦一輩子的意圖。

所以，我只能說：「如果你忘不了又要記得一輩子，這是你的選擇，不過，你會因而變得不幸！」為了區區一點小事，也念念不忘對方欺負、傷害自己，心中當然就產生怒氣了。

遭挫敗而生氣

「遭挫敗」（ajini mam）指的是是對方贏了自己。

這個世界充滿了競爭，總是有人贏、有人輸；商場上也不存在每一個人都賺錢的定律，總是有人賺、有人賠；入學考試或應徵工作都相同，只要是有選拔的過程，就不可能全部的人都入選，一定有人落選。

因此，我們一定經常嘗到落敗的滋味。

如果你忘不了被欺負，又要記得一輩子，**這是你的選擇**，不過，你會因而變得不幸！

如果老是想著我才不想輸，是沒辦法在這個世上生存的。

生命原本就是奠基在適者生存的理論上，有人成功，就代表一定有人失敗了。就算是幼稚園的二十公尺賽跑，一定有人跑第一名，也一定有人殿後。這是無可避免的現實。

別人獲勝是他本身擁有的才能或能力，自己不具備那樣的才能所以落敗，這是可想而知的道理。然而，落敗的人卻經常認為「要是沒有他，我就可以獲得錄用了」，或是「要是沒這個學生和那個學生，我就能考上了」。

假設有兩個女性與同一位男性感情很好，但是男性只能跟一個人結婚，所以只好選擇其中一位。結果，沒被選中的女性感到憎恨、痛苦、辛酸以及強烈的忿怒。實際上，我也曾經聽過有人這麼說：「那個女人真的太狡滑了，她要了很多卑鄙的手段，所以才會抓住那個男的。明明是我比較關心他呀……」或是「我不太會刻意打扮，以外表來騙人，但那個女人總是打扮得花枝招展，所以男人才會受騙了。」

這就是對事情結果的憎恨。不管在哪種狀況下，由於是一場競爭，總是有人獲勝，有人失敗，只是這樣罷了。這是無法避免的。

我們心理矛盾的地方在於，嘴上光會嚷著「來比個高下」，可一旦落敗了，又說「我輸了，真不甘心」。

輸了為什麼會不甘心呢？只要有競爭，當然就有輸贏。不管是輸是贏，單純地接受結果就好。可是，因為我們做不到，所以才會變成一旦落敗，忿怒就上場了。

被竊取而生氣

「被竊取」（ahāsi me）指的是自己的東西被偷竊。

這也是世上經常發生的事。人們會因為被騙走了錢而火冒三丈。又或者，在參與競標時，由於對手公司利用陰險的圍標手段，或是在背後撒錢，奪取了標單，以致己方無法取得工作，造成投資失利，因而大發脾氣。

一場競爭，總是有人獲勝，有人失敗**這是無法避免的**，單純地接受結果就好了。

反覆回憶討厭的事物，會招來更大的不幸

小嬰兒看到花就笑，母親講話稍微兇一點就哭，他們的情緒只發生在當下，心中常保純淨，不會反覆回憶過去討厭的事。我真希望每個人的思維，都能像小嬰兒般有彈性。

然而，成人卻不是這樣的。討厭的事情會一生一世永遠牢記、不斷回想，讓無謂的想法在腦海裡轉個不停。

一旦啟動了這樣的思想迴路，會變成怎樣呢？

怨懟長不忘，瞋恚永難息。*

*巴利語的原文為Ye taṃ upanayhanti veraṃ teasṃ na sammati.
ye＝誰:，taṃ＝他們的:，upanayhanti＝持續怨恨:，teasṃ＝他們的:，veraṃ＝瞋恚:，na sammati＝無法平息和消失。

整段話的意思是：「他們罵我、找我的麻煩、欺侮我、把我打敗、奪取我的東西……，如果腦袋裡一直想著這些事情，只會終日怨恨、充滿了苦悶，不斷地煩惱與懊悔。」

個性陰鬱不開朗的人大部分都是這樣：總是在腦海裡想著輸了、不甘心等負面的想法。

就是因為這樣才會產生忿怒。當怒氣漸漸膨脹擴大，在還沒毀滅他人以前，已經先毀滅了自己，以致嘗到了不幸的苦果。

當怒氣漸漸膨脹擴大，在還沒毀滅他人以前，已經**先毀滅了自己**，以致嘗到了不幸的苦果。

無謂的妄想是忿怒的來源

說一件我個人的經驗談。因為我日文不太好，沒留意到語感的微妙之處，以致常說出太過嚴苛甚至錯誤的言詞。但是我開口時，確實是希望大家能了解幸福和喜悅的道理。可是，人們的心裡，總是緊記著對自己不利的事，卻滿不在乎地遺忘對自己有益的事，這是人們的通病。

因此，有些人對我說錯的話，始終耿耿於懷，感覺自己受到羞辱，於是別說是幸福了，情緒甚至變得很厭煩。不夠認真學習日語的我確實有錯，不過也不能說一切全都錯在我。

人們就是因為這種個性，才會變成「不幸的人」。明明只需記住好事、有用的事情就好了，卻偏偏三兩下就遺忘。相反的，對於他人犯了錯、說得稍微過分、口誤而讓你不舒服時，卻又記得一清二楚，事後越想越感生氣，甚至氣壞了身體，使得自己的幸福也消失得無影無蹤。

或許說錯話的確實是我，不過，聽了那些話的人，如果不斷回想著我說出口的不當言詞，最後倒霉的還是自己，而且連其他人也跟著遭殃，使自己的家人和工作伙伴等所有人，也都變得不幸福。

不管是「受責備」「被欺負」「遭挫敗」「被竊取」等等，全是微不足道的想法。為了微不足道的妄想思維而反覆思考，讓它擴大成不幸的大疙瘩，是最糟糕的。因此，即便是一丁點無謂的妄想思維，也不要讓它糾結在我們的腦袋裡，就是不生氣的祕訣。

「我執」＝既有成見，製造妄想思維

形成忿怒的原因是妄想思維，而妄想思維又是如何產生的呢？

即便是一丁點無謂的妄想思維，
也**不要讓它糾結**在我們的腦袋裡，就是不生氣的祕訣。

那就是「我＝我執」。如果沒有我執，根本就不會有忿怒。

我執就是對於「我」、「本人」的既定觀念。

人們對於自己的存在，總是堅信可以受人評價「這就是我」，從來不曾有過懷疑。但事實上我們緊抱不放的這種既有成見，完全是一種我執。從我執產生的「我應當做這件事」「我很了不起」「我必須被認同」等這些無聊的想法，將大大地妨礙幸福。

如果強烈執著於大男人主義，就會對女性容易產生性別歧視，情況相反的話，則變成女人瞧不起男人。若是覺得自己很認真讀書、出身於名校，所以很了不起，這樣的人就容易輕視別人。

但是，從結果來看，最傻的正是會這麼想的人。

不管天資多麼聰穎、能力有多好，一旦把別人當成傻子，對別人說的話完全充耳不聞，便不可能有良好的人際關係。就算出了社會開始就業，在公司也是會受到孤立，使得心情愈來愈陰沉、能力無法充分發揮，以致陷入惡性循環，落入更不幸的悲慘窘境。這樣的人其實很多，一點都不值得大驚小怪。

從我執到忿怒的形成過程

當一個人陷入這樣的自我框架裡，就很容易驕傲地擺出一副「我是男人」「我還年輕」「我是中年人」「我是課長」「我是經理」「我是社長」的架勢。但仔細思考看看，全都不是什麼大不了的事吧？就算是社長，那又怎麼樣呢？

要說世上所有的問題，全都從「因為我是了不起的人物」的想法而產生的，也絲毫不誇張。只要能夠拋棄這種思維，一切問題都能迎刃而解。如果想得到幸福，一定要捐棄我執比較好。

佛教裡最重要的是：實踐正確的事情。這和自己是下屬、是課長、是社長、是一家之主，都沒有關係。真正關注的重點只有「**這個行為究竟正確與否**」。

比方說，就算是小孩子，只要他說的事情是正確的，大家就應該認同並實行。

我們緊抱不放的既有成見，完全是一種**我執**。

要是有人認為那只是個小鬼，竟然膽敢狂妄？說這種話的人，才應該為自己的無知感到羞恥。

在**思考忿怒的問題時，「我執」是最根本的原因**。而且，一旦產生了我執，就會帶來許多雜念，是件令人相當困擾的東西。因為我執會產生無知，汙染了一切事物，而且當這個汙染碰到外在的攻擊，就會演變成忿怒。

生氣的壞習慣難以戒除

我執強烈的人容易樹敵。其他人、甚至是整個世界與自己為敵的原因，出自於我們自己製造出來的我執。

由於在純粹的「我」之上，又套加了許多頭銜執念：「因為有我在這裡」「我是某某大人物」「我是公司的某某經理」「我是課長」「因為我是女人」「因為我是男人」等等，於是與別人接觸時，只要違背了他的頭銜執念，就會怒不可遏。於此同時，一旦養成這種「生氣癖」，就會積習難改。

偶爾仍看得到有些愚蠢的男人，在要求女性倒茶水卻被嫌惡時，還大模大樣地訓斥對方：「妳是女人吧？女人倒茶水本來就是天經地義的！」再加上若是自己的

一旦養成「**生氣癖**」，就會積習難改。

命令沒有被慎重執行時，又會大發雷霆。

我們也常聽到，有人認為自己是主管，部屬聽從命令是理所當然的。可是，這又是誰規定的道理呢？說穿了，不過是我執作祟而已。萬一主管根本是個蠢蛋，而部屬又老老實實地聽命於他，那麼所有人豈不是全得遭殃了？

這樣的人，總是自以為是地認為因為對方是女人、是部下，所以一定得做某種事情。然而，到底是誰決定這樣的規則呢？那只不過是我執所產生的無知罷了，根本毫無理性可言。每次看到這種事，同樣身為男性，我都會感到很羞愧。

下一章，我將針對如何釋放這樣的忿怒，加以詳細說明。

第二章

忿怒是幸福的殺手

想抗拒＝有忿怒的念頭

我們對於所看到的、聽到的、品嘗到的及聞到的一切事物，如果從當中產生「討厭」的抗拒情感，就會生氣。

「我不想吃這個」「不想跟那個人說話」「不想去那個地方」，這些念頭的能量，就是「忿怒」。

當抗拒的能量變強時，就會演變成很嚴重的狀況。

如果只是心想「不想跟那個人說話」「不想和他相處」，那麼，抗拒能量還很輕微。

若是到了「連看都不想看到他」「不喜歡他在我旁邊」的程度，就已經匯集成強烈的能量。

假設變得更加激烈時，就會轉變成「雖然他現在不在我面前，但只要想到他在這國家的某處活得好端端的，就讓我難以忍受」，一旦出現這種念頭，最糟的狀況甚至可能成為殺人兇手。

人類的忿怒，確實會攀升到如此激進的地步，甚至連大自然及我們的社會，都會被摧毀殆盡。

但是，由於忿怒畢竟是人類內心製造出來的情感，所以我能斷定：

「只要能夠改變自己，就能夠逃離忿怒。」

是的，一切結果完全操控於你自己。

只要能夠改變自己，就能夠逃離忿怒。

一切結果完全操控於你自己。

忿怒是理所當然的嗎？

或許也有人認為忿怒是自然發生的情感，有什麼關係呢？看到花朵會覺得好漂亮，看到蟑螂卻覺得真討厭；看到豬肉心想好美味，看到別人宰殺蛇肉，心裡想的是噁心死了。想必很多人都覺得這些反應是「理所當然」。

日本人雖然也常吃豬肉，不過和同樣處於亞洲的中國或韓國相較之下，日本人很少吃豬頭或豬腳。要是把整個煮好的豬頭擺上桌，或是把整隻形狀完整的豬腳煮好要你吃，情況又會如何呢？恐怕你也說不出明確的理由，總之就是覺得不太舒服，一點都沒有想吃的欲望。

但是，你能因此就說：「會這麼想是很自然的，因為我是人，勢必會產生忿怒或是歡喜。」要是這麼無條件地全面接受自己的情感，會變成怎麼樣呢？

恐怕很多人會認為：「就照這樣又有什麼不好呢？這是人類的本能，生氣也是無可奈何的。只要是人，當然都會生氣。」一點也不願在思考方式上讓步。

這麼一來，等於是大部分的人放棄了自己，認為立刻生氣是人類的本能，這是沒有辦法改變的。

的確，這也是一種思考方向。如果真的由衷認為，生氣本來就是人類本能的感情，所以自己生氣也沒什麼不好的，那麼，也就不需要努力改變現狀，可以省掉不少自省修為的麻煩呢！

忿怒的人生沒有歡喜可言

但是，這當中有個問題。要是一個人總是處於經常生氣的狀態，這個人將會面對什麼樣的人生呢？

一旦「忿怒」竄升，就會失去了「歡喜」。這是我們先前談過的。

一旦「**忿怒**」竄升，就會失去了「**歡喜**」。

過著整天抱怨連連的人生，不是很悲慘嗎？

換句話說，那個人此後所感受到的只有不幸。好不容易生而為人，卻連小小的喜悅都感受不到，過著整天抱怨連連的人生。

這樣不是很悲慘嗎？

如果就此置之不理，告訴他：「這是你的性格造成的結果，無可奈何，你就這麼悲慘地過一生好了。」其實也無所謂。不過，還是有點令人同情，不是嗎？

對人們來說，工作時的充實、養育子女的快樂、精力充沛打拚的快意、和大家和樂相處的歡欣等「生存的愉悅」，充滿我們的生活周遭。而且在現代社會中，能夠品嘗各種佳餚、到某個地點旅行、穿上漂亮的衣服、打扮時髦，這樣的歡喜不勝枚舉。然而經常處在忿怒中的人，卻與這樣的歡喜完全無緣。

再請你試著和喜歡抱怨的人一起去用餐或旅行。對方一定沿途抱怨不休，讓人想發火罵人，根本連一點喜悅都沒有。這是因為他沒有打算感受周圍的歡喜，所以即使是普通人應該會覺得開心的事，他做起來仍然悶悶不樂。結果，和他一起的人也變得不快樂了。因此，對周圍的人來說，沒有比愛生氣的人更令人困擾。

所以，對於「生氣是本能」這樣的思維，我們還是不能坐視不管。

人類沒有歡喜，就活不下去

口乾舌燥時，連一滴水也倍覺珍貴。

人們所感受到的幸福，就和這種情況相同。

所謂生存，就是支持我們這個軀體存續的一件事。光做好這件事，就很辛苦了。在這麼辛苦的人生中，快樂對我們來說，猶如荒漠中的滴水甘泉般珍貴。就算工作再辛苦，也能從工作中感到些微的充實及幸福感，而當工作順利時，更能產生成就感。養育子女雖然很辛苦，但是看見孩子的可愛與成長，就能感覺到歡喜。

就是因為如此，我們才能夠不斷地努力，不是嗎？

要是連這樣的歡喜都捨棄了，人就活得不像人了。

在辛苦的人生中，**快樂**對我們來說，

猶如荒漠中的滴水甘泉般珍貴。

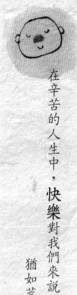

放縱忿怒，生命將陷入險境

如果甘於現狀，認為生氣是人的本能，所以無可奈何，將使自己陷入危險的境地。這就無異於抱著隨它去、算了的心態，不想做任何努力，只是一味地放縱自己。這種狀態，以佛教用語來說，叫做「放逸」。

假如覺得生氣也是一種情感，是人的本能，所以沒辦法改變，因而放任這種想法不予理會，又會變成怎麼樣呢？

結果是非常清楚明白的。因為現在的世界，早已呈現出這種狀態了，不需要特別調查，也能立刻了解。現在的社會，大家都怠惰敷衍，對很多事情置之不理。

我們現在的生命正遭受著威脅。我們能滿懷自信地說，自己吃的食物乾淨無毒、呼吸的空氣潔淨無汙染、飲用的水安全無虞嗎？

其實，誰也不敢打包票吧！現在是個連曬太陽也有健康疑慮的時代，所以仔細想想，未來是否能夠好好地生存下去，大家都感到非常不安。

因為採取破壞行動的人非常多，什麼時候會引爆戰爭，誰都不知道。就連此時此刻，都有人不斷地研發及製造武器。地球上有將近一半的資產，都被用於開發殺人武器上。

這樣毀滅性的武器，只要使用一小部分，人類就全毀了。即使研發製造者並不打算使用，畢竟這是人類製造的機器，不可能保證毫無安全疑慮。所以，只要這樣的東西存在一天，人類就暴露在極大的危機之下。

現在幾乎所有的武器都是以遙控方式遠距操控的，只要操作者發送電波，不管是炸彈或飛彈，都能自動發射。可是，現在的世界充滿了各種電波，萬一這樣的設置接受到干擾電波導致混亂而自動發射出去，又會變成什麼狀況呢？

日本政府信誓旦旦地宣示：「絕對不可能自動爆炸！」「日本的核能是世界第一，符合最高的安全標準，所以非常安全。」這種說法根本就是漫天大謊。

認爲生氣是人的本能，所以無可奈何，將使自己陷入**危險的境地**。

人類所製造的東西，本來就是充滿缺陷的。不願承認這一點的人，更是危險。假如輕易相信的話，後果絕對不堪設想。

現在的社會就是像這樣毫無危機意識，不斷製造破壞性工具，抱持破壞性思考，因此，我們絕不能放任「生氣只是一種情感表現」的想法。

沒有所謂的「正當的忿怒」

倘若放任忿怒不管，將會危及我們每個人的性命。即便縮小到個人層面而言，如果不控制忿怒，也不可能幸福。

因此，我們不要太過嬌寵自己，應當調整性格，讓自己變成不會生氣。

我希望各位不要誤解。

這裡說的調整為不生氣的性格，並不是「與忿怒對抗」。與忿怒對抗的情感，仍然是另一種「忿怒」，所以並不好。

我指的是「盡可能設法努力，培育自己具有不會生氣的人格」。

要成為正義使者，就必須打倒壞人。那麼，想要打敗別人、殺死別人時，需要的是什麼？那就是「忿怒」。

於是，在「正義使者」的面具下，我們把「忿怒」正當化了。由於正義使者為了打擊壞人，便刻意到處尋找敵人，結果反而引發許多負面的情緒。

就算不至於到扮演正義的使者的程度，只要是具有強烈「和某種事物對抗」情感的人，就很容易囤積壓力，以致發生各種問題。

連原本應該是很有趣的學習，到了「想在考試時拿到好分數」「想戰勝升學考試」「想拉開和競爭者的距離」的狀況下，心情就隱含著忿怒。

我們應該回頭深思，究竟是為什麼而戰呢？**其實是因為心懷對抗意識，所以當過程不順利時，就會導致痛苦的產生**。

佛法中並沒有「對抗邪惡」和「成為正義使者」的想法。

與忿怒對抗的情感，

仍然是另一種「忿怒」。

「正當的忿怒」也不存在於佛法之中。

任何忿怒都無法正當化。

我們常說「生氣是理所當然」，事實上，沒有任何忿怒是理所當然的。

沒有所謂的「壞人死不足惜」

介紹一個我自己編想的小故事。

大乘佛教裡有所謂「發心，就是菩薩心」。菩薩就是追求覺悟，不企求自度（利己），而是積極的求利益眾生（利他）。用現代的話來說，就是正義使者。因此，我們來想像一下，菩薩積極認真地實踐自己誓願的情境。

菩薩首先心想：「那麼，我來打倒這些壞蛋如何？在世上做盡壞事的這些傢伙只會給大家造成麻煩，乾脆殺了他們吧！」

不過，菩薩緊接著又想：「我必須殺多少人才行呢？要殺多少個人，這世上的壞蛋才會全部消失呢？會不會我必須殺光所有人才行呢？要是真的如此，或許重新修正我認為的『想打倒所有壞人、殺光所有壞人』想法，會不會比較快實現呢？」

我們來思考一下這幾段話。

不論是誰，可能都在心裡想過：「那傢伙是壞蛋，死掉是應該的。」

但是，如果依循「只要是壞人，死了也是合情合理」的想法，你認為究竟該處死多少人才夠呢？

會不會變成必須把人類全都毀滅殆盡才行呢？

到頭來，所謂十全十美的大善人，根本不存在。

因此，稍微思考一下就會明白「如果是完美的好人，就可以活著；但你做了壞事，所以死了也活該」，這種思維根本是毫無道理的謬論。

假設指責行為不正當的政治人物不適合當政治家，把他們逐出政壇，結果必定會變成連一個政治家也不剩。我們的現實社會就是如此。

任何忿怒都無法正當化，

沒有任何忿怒是理所當然的。

沒有不能原諒的事！

聖經當中有一則著名的故事。

按照猶太教的教義，對於犯通姦罪的婦女，可由民眾丟石頭把她砸死。

某一天，眾人抓到一個犯了通姦罪的婦女。大家把這個婦人綁在柱子上，手握石頭準備執刑。因為犯通姦罪的人應當被處刑，這是毋庸置疑的。

這時，耶穌出現了。他問大家：「你們在做什麼呢？」眾人爭相回答：「這個女人背叛她老公，和別人通姦。所以我們想依照神的教義，拿石頭砸死她。」

於是，耶穌對群眾說：「我明白了。那麼，在你們之間，誰是沒有罪的，誰就可以先拿石頭打她。」說完就離開了。

結果，不論是誰都沒辦法拿石頭丟她。那個婦人的性命因而得救。

耶穌的這段話確實是真理。

由於某人做了壞事，所以懲罰他是合理的——這種思維真的很奇怪。

世界上沒有任何地方會有「死不足惜」的價值判斷。

耶穌當時所講的，其實就是請群眾「原諒她」。

至於要原諒到什麼地步？答案是「完全原諒」。

原諒是沒有上限的。耶穌是在告訴眾人：「只要遵循這個正確的教誨，就能夠得到幸福，神的世界也將顯現在自己身上。」這裡所說的「神的世界」，便是「幸福的狀態」。

的確，要是對於一切都能抱著原諒寬容的心態，不管別人做了什麼、變成什麼樣，都將原諒他、不拒絕他而永遠有愛，心中必定是充滿了喜樂和幸福。這種境界，基督教稱為「神」，在別的宗教則以其他詞彙來表現。

詞彙本身沒有多大的意義，重要的是「原諒」的行為。不把人的感情神格化的佛教，則單純地使用「慈悲、寬恕」等詞彙。

原諒是沒有上限的。對於一切都能抱著原諒寬容的心態，心中必定是充滿了喜樂和幸福。

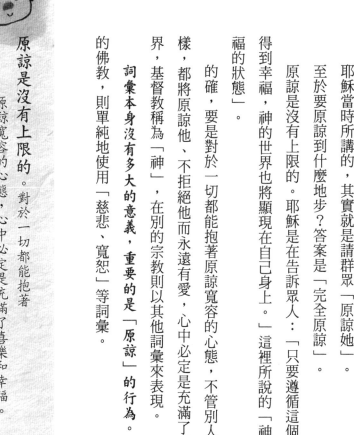

忿怒的烈火將會焚燒己身

忿怒給我們帶來許多不良的影響。

前面說過，生氣將會帶來不幸，要了解這點十分簡單。一旦生氣，心情會不好吧？感到無聊時，心情應當很不愉快吧？當心中有了忿怒，人們將變得不幸。

相反的，當你興高采烈時，你的心情又是如何？是否感到很開朗、輕盈，心情好得飄飄然？這個時候我們稱為「幸福」。

因此，**歡喜是創造、生產及培育某種東西的正面能量；而忿怒則是拒絕、捨棄、破壞的負面能量。若要問忿怒是從哪裡產生的，答案是自己的內在。**所以，出現忿怒的同時，也就是破壞自己的開始。

為了破壞所需要具備的，一般說來是「火」。印度教對這點了解得最透徹。印度教的濕婆是掌管破壞之神。當讚頌濕婆神時，會進行點火的宗教儀式與祭儀。我想各位應該曾經在電視上看過，想要供奉濕婆神時，會點燃聖火，並對著火獻上供品食物，吟誦著：「神啊！請祢享用。」

在佛教中，也把忿怒比喻為火。

如果用火點燃自己的身體，接著所碰觸到一切都會被燃燒，破壞殆盡。然而，在一切遭到破壞之前，發生的是什麼事呢？沒錯，第一個被燃燒的，就是自己。

從這件事上面，我們可以清楚明白：**忿怒雖然擁有破壞他者的力量，但最先遭到破壞的，一定是自身**。

就和火柴一樣。若想燒掉垃圾，要先點燃火柴，但最先燒光的，一定是這根火柴。如果有人覺得火柴很重要，不想燒掉它，只想燒掉垃圾，簡直就是天方夜譚。

忿怒會在不知不覺間損害健康

忿怒這種東西，首先從傷害自己開始。再持續下去，總有一天會破壞身體的細

出現忿怒的同時，也就是**破壞自己的開始**。

就像燒垃圾，要先點燃火柴，但最先燒光的，一定是這根火柴。

胞，使自己跟著同歸於盡。

我們可以用蔬菜或花草做實驗，試試讓它們承受微熱。只要把原本水嫩的蔬菜，放在日照充足的地方直接曝曬。觀察它放在太陽底下一小時、兩小時、三小時的變化。你應該會發現，蔬菜變得乾萎而無生機。如果直接拿去火烤，變化一定更加激烈。我們的身體，也會和蔬菜發生同樣的變化。

當然，要是在我們生氣的瞬間，能立刻感受到雙手強烈的疼痛，兩腳痛得無法動彈，肚子痛得快要死掉了等反應，任誰都不會再生氣了吧?!

但就是因為忿怒不會產生這些信號，才更值得我們戒慎恐懼。

我們的腦細胞，還有尤其是會分泌各種內分泌的器官，都分布了許多看不到的小構造。因為這些構造太小，而無法讓人直接感受得到它的變化，但是忿怒會傷害我們的內臟，以及所有和內分泌相關的器官。

最先受到影響的，就是內臟。不管是心臟、肺臟、腎臟等器官，都是二十四小時不間歇地工作。當細胞因為忿怒而提前老化，在自己未察覺時，已經慢慢形成疾病，使得身體開始到處疼痛，形成胃潰瘍，甚至罹患癌症，變成難以療癒的疾病。

因此，經常忿怒、整天抱怨連連的人，將會比別人老得更快。

如果有人煩惱自己容易疲倦、失眠、時常生病，最好想想看是否肇因於心理方面的問題。因為**有這些病痛煩惱的人，往往都有易怒的性格。**

兩種人生：生病立即康復和久病不癒的人

不可以小看忿怒。忿怒產生的瞬間，會在體內產生劇毒。要牢牢記住，就算只是一點點的忿怒，對於身體都是有害的。忿怒首先焚毀的是自己，使自己的身體逐漸積怒成疾。

我幾乎沒聽說過性格活潑、積極開朗的人會生什麼沉痾重病。這樣的人即使生病了，也會和醫師相處愉快，治療效果特別好。就算必須住院，醫護人員也會樂於

忿怒產生的瞬間，會在體內產生**劇毒**，
使自己的身體逐漸積怒成疾。

親切照顧他，大家都會祝福他，希望他早日康復。

相反地，會被大家討厭的，就是那種東嫌西嫌、囉哩囉嗦的患者。護理人員會抱怨那個討厭的病人，又在按呼叫鈴了。當護理人員百般不願地到了病房，病人竟然只是要求把被子蓋好。沒多久，又再呼叫，當護理人員立刻趕去的結果，這次居然是幫忙把紙杯往右移一點，否則掉下來就麻煩了。

像這樣為了沒什麼大不了的事，卻一直使喚別人，而影響醫護人員的工作，可是當事人卻是一副趾高氣揚的態度，認定隨叫隨到正是護理人員的工作。

你認為這個樣子，疾病能痊癒嗎？

多半是治不好，疾病纏身、痛苦不已罷了。況且因為一直無法痊癒，必須長久待在醫院，待越久越讓大家討厭，醫師和護理人員雖然也想趕快把這個病人治好，以便早日擺脫這個病人，可是病人不願合作。結果病人的身體狀況越來越差，只是害自己活受罪而已。

忿怒的人會偷走別人的幸福

如果只有愛生氣的那個人會變得不幸，我們可以說他想變得不幸就隨他；要是只有那個人死了，我們也可以說他想死就去死吧！

問題是，我們不會這麼做。愛生氣的人給周遭的人帶來的是無窮的困擾。人們為了想得到幸福，無不拚命努力，這些人卻在一瞬間把大家的幸福奪走，簡直就是幸福的搶匪。

就算是小偷強盜，把東西偷走搶走也罷了，並不需要那麼在意。

假設你正打算要用餐，卻有人把你的飯吃掉了。光是這樣，不見得會讓人很生氣，要是吃掉的人再加上一句「好好吃喔」，也許你連氣都消了。

愛生氣的人給周遭的人帶來的是無窮的困擾，

在一瞬間把大家的幸福奪走。

即便是當你做好飯正要吃，突然被別人吃掉時，大概也是同樣的狀況。「你做的飯非常好吃！可不可以請你再做呢？」聽到對方這麼一說，我們會覺得「這個人吃得這麼滿足，就算我分給他一些幸福，也無所謂。」因為，雖然自己沒吃到飯，換來的是別人的讚美、感謝的幸福。

因此，像這種奪取的方式，就不需要在意。雖然對方的確是小偷，但他並沒有連我們的幸福都奪走。

但是，**忿怒的人卻往往從我們生命中掠取最重要的事物。他們奪取的是「人的價值」**。偷盜他人金錢的盜匪，是用他人的金錢來享樂，還屬於能夠理解的範圍；可是，竊取他人幸福及生存價值的「忿怒的盜匪」，並沒有從奪取他人之物中得到幸福，他們自身仍然因為忿怒而苦不堪言。不僅破壞別人幸福，更將其他無辜的人也捲入其中。因此，「忿怒」可以說是盜匪之中最惡劣的一種類型。

忿怒會立即傳染給別人

人們常有將自身情感立刻附和別人情感的傾向。因為人類是很脆弱的，很容易受到周圍環境的影響。

比方說，當小孩子想要什麼東西而不買給他，因而和媽媽鬧彆扭大哭時，只要你跟他說件其他的事情，或說件有趣的事，小孩子會立刻咯咯大笑，好像什麼事也沒發生過，甚至連剛才在哭的事也忘了。

這種情況不只發生在孩子身上，也可能發生在其他人身上。要是回到家和太太吵架了，請試著立刻相偕出門到小酒館、書店或電影院，渡過愉快的時光。這麼一來，雖然在家吵架時怒氣沖沖，但在外出途中應當能夠把怒氣一掃而空才是。

竊取他人幸福及生存價值的「忿怒的盜匪」，

可以說是盜匪之中最惡劣的一種類型。

換句話說，我們的情感總是隨時受到環境的極大影響。

當大家正玩得開開心心時，如果讓一個非常生氣的人加入，你猜會發生什麼事？所有人的快樂將會在瞬間消失無蹤。比如有四十個年輕人正在迪斯可舞廳裡跳舞，忽然有個貌似流氓的人闖進來破口大罵：「你們這些傢伙，在幹什麼？」結果會變怎樣呢？想必四十個人的歡樂，一下子就會消失殆盡吧！

我希望大家都能更嚴肅地思考，並且真正地了解「忿怒」這件事。

生氣的人就像妖魔鬼怪，會從身體散發出強烈而可怕、有如輻射般的波動，不是只破壞自身的幸福，連其他人的幸福也跟著遭殃。

擁有權力的領導者是最危險的人種

比方說，某國家的政治領導人為了某個緣故發怒，因而發動戰爭，算不上什麼稀奇的事。於是，原本對他國毫無怨恨、無辜的國民卻得被迫上戰場，白白犧牲自己的生命。回顧世界歷史，就能發現這麼愚昧自私的人屢見不鮮。

說起來，原本就只有愚蠢的人才會一心想操弄別人，企圖想要操控政治、成為王者、成為獨裁者。

真正有智慧的人反而認為這些毫無意義，而不會刻意涉入。因此，從遠古時期到現代，支配世界的人，都是心腸不太好的人們，絕對沒有知識分子或天才。正因為支配者是具有忿怒性格的人，不曉得什麼時候會發狂震怒，實在極其危險。

因此，支配者也需要接受管理。譬如在美國，有很多可以牽制總統的人。如果總統什麼事都照自己的意思判斷，後果將不堪設想。所以必須有相對的安全措施。在他的身邊，必須有知識分子及各種領域的專家，協助他判斷在什麼情況下該怎麼做。在發表總統演說之前，有人會寫好講稿，他只需要依稿照念就可以了。如果沒有加以管控或約束，沒有人知道他會做出什麼事。

忿怒會毀滅自己、破壞自然，結果到頭來連別人的幸福也剝奪了。

忿怒會毀滅自己、破壞自然，
到頭來連**別人的幸福**也剝奪了。

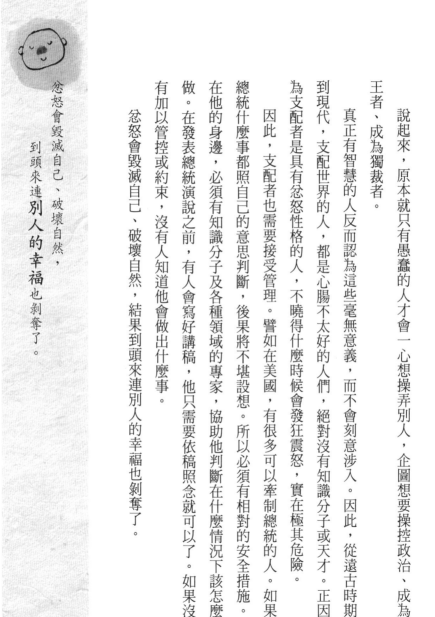

所以，我們不可以放任自己，應當認真努力地設法不生氣。**「不生氣」除了是個人的課題，也是人類全體的使命。**

打倒對方前，先摧毀的是自己

《法句經》（Dhammapada）是「真理的語言」的意思，這是一本匯集佛陀說法最珍貴的古典經籍之一。在《法句經》當中，有一段這樣的偈文：

彼人不了悟：我等將毀滅。若彼等知此，則諍論自息。*

這個世界的人（不是賢者的人）還不明瞭我們終將死亡的事實。賢人們因為了解

*此處引用「了參法師」的譯文。巴利語的原文為：Pare ca vijānanti mayamettha yamāmase Ye ca tattha vijānanti tato sammanti medhagā.（Dhammapada,6）

這一點，所以他們不會做無謂的爭奪。

為什麼世上會有永無休止的爭鬥？

那是因為爭鬥的人們不了解「總有一天我們也會被摧毀而死去」的事實，沒有留意到爭鬥之中，自己一定會有某部分受傷，只注意到自己打倒了對方。這是很大的誤解。

比方說，有的人心想：「其他人都因為怕他而噤若寒蟬，但是他實在太過分了，所以我狠狠地斥責他一頓。這麼一來，那個人就知道我一旦發威，他會有什麼下場了（活該！）。」

不過，這只是自我欺騙。只要是發脾氣罵了他人，一開始傷害的，絕對是自己的心，立刻會出現不幸的感覺。然而，生氣的人卻沒有察覺到這一點。

只要人們真正理解「忿怒，首先破壞的是自己本身」，人們就不會再因為發生

只要是發脾氣罵了他人，一開始傷害的，
絕對是自己的心，立刻會出現**不幸的感覺**。

任何事而生氣。不管是處於多麼悲慘的狀況、不管是被任命多麼辛勞的工作、或是被人以多麼苛刻的言語指責，都不會再生氣。

因為只要一生氣，就是傷害自己。

請你把生氣這件事，當作自己喝了毒藥一樣。我們沒有必要自己拿毒藥來喝，不是嗎？

因此，為了消除忿怒，首要之務就是一定要理解「**一生氣，就是摧毀自己！**」

「忿怒的人最愚蠢」是真理！

這世上，沒有任何人比生氣的人更愚笨。

我不是在開玩笑，而是非常認真這麼說的。因為這是客觀的事實、是真理。生氣的人實在愚蠢得應該自覺羞愧。

請觀察自己生氣時的心。

在生氣的當下，你的是不是完全無法發揮智慧、一點也不開朗、也沒辦法做出適切的判斷吧？

生氣時的狀態，使得這個人已經不是人類、也不是動物，而是比動物更低等的生物了。要是想變成具有知識、能力和才德的普通人類，絕對不可以生氣。

把生氣這件事，當作自己**喝了毒藥**一樣。

我們沒有必要自己拿毒藥來喝，不是嗎？

心裡湧現的感情就像波浪般，時浮時沉。回首昔日歲月，你一定會發現，腦袋真正靈光、能掌握事情關鍵、妥善付諸行動的時候，應當都不是處在生氣的時刻。

首先，請你經常提醒自己：「生氣是笨蛋才會做的事！」

請你敲敲自己的頭說：「你生氣就是徹底無知的人！」

要是感覺到情緒正處於生氣的狀況，一定要認真地告誡自己：「我是不講道理、十足的笨蛋，因為我什麼都不懂、是無知的人，所以才會生氣。」

子女做錯事時，應該深入了解他為什麼那麼做、該如何指點他才會改過。只要想清楚這些道理脈絡，你就應當不會為子女犯錯而生氣了。

這時，你不會覺得沮喪，反而沒有忿怒、心裡很平靜，這就是「智慧靈動時，自然不生氣」的境界。

持續生氣，將使人變成「忿怒的凝聚物」無知且愚蠢！

生氣的時候，我們將在瞬間變成不折不扣的最低等、最無知的人。越是生氣，我們就會越加速自己的無知，逐漸變得更愚蠢。

那麼，當生氣的次數增加時，會是什麼狀況呢？

眾所周知，我們的心具有只要反覆接收訊息，就會深信不疑的特點。

若是一再收到同樣情報：這個好、這個好、這個好，大家就會開始認為這個真的很好；反覆聽到這個東西很好吃、很好吃的訊息，結果吃了那個東西之後，就會感到十分美味。

「心」這樣的東西，只要一再地向它陳訴同樣的內容，它將出乎你意料地照單全收。因此，人們若是不斷地相互自我暗示，甚至可以達到精神控制的目的，讓事情的進行朝向自己希望的方向發展，而造成世界的紊亂脫序。

忿怒也是相同的。生氣的次數越多，當事人就會變成「忿怒的凝聚物」。人們如果變成這樣，就已經不是人，而只是會移動的肉塊。

請經常提醒自己：**生氣是笨蛋才會做的事！**你生氣就是徹底無知的人！

整天只會生氣的肉塊，和妖怪同樣令人感到恐懼。

夜裡一個人時，如果碰到一個只有一隻眼睛、滿臉是血、齜牙咧嘴的妖怪，你一定會覺得毛骨悚然吧？你一定不想看到吧？不過，妖怪畢竟只是幻覺，沒有什麼好畏懼的，就算是鬼魂觸摸了我們，我們也感受不到，可是要是一個人失去了人性，成了只會移動、會走路、會說話並且張牙舞爪的肉塊，那就真的很恐怖了。

忿怒的人比動物更低等

總之，變成愛生氣的人，就是捨棄了人性，之後不會有任何的成長、進步。以生物的層級來說，是比動物更為低等。

為什麼我會這麼說呢？

動物總是在衡量著彼此的感受下，共同生活。在動物的世界裡，過度任性是不行的，如果沒有對其他動物的情緒隨時保持敏感度，就沒辦法生存。

動物雖然也會生氣，不過和人類生氣的狀況不一樣。例如小狗對小狗生氣時，一定是因為那隻狗破壞了狗的世界的規則。在猴子的世界也相同，一旦破壞了規則，可能會被打、被咬、甚至遭到險些性命不保的悽慘下場。雖然不會被殺死，但要是運氣不好，受傷嚴重致死也是有可能的。

因為關係到自己的性命，所以動物總是很小心地留意相互間的情緒，牠們會盡可能理解彼此的情緒，以努力求得生存。因此，**生氣的人類，可以說比動物要更低等**。

只要不生氣、捨棄我執的人，必定可以得到幸福。在開始談如何消除忿怒的具體方法前，下一章我們先來學習聰明人的生活哲學吧！

動物世界裡，過度任性是不行的，

所以動物總是**盡可能理解彼此的情緒**，努力求得生存。

第三章

做一個不動怒的人

最嚴厲的懲罰是「漠視」

如果問到，我們佛教徒遇到有人在寺廟裡犯了過錯時，究竟會怎麼做？當然我們不會打也不會罵。要是我們生氣地斥責「你為什麼做這種事？」「你怎麼可以做出這種行為？」我們就同樣犯了「忿怒」的過錯了。

我們通常採取的，是對犯錯的人完全視若無睹。

不管對方說什麼做什麼，都裝作沒聽到，直接逐出團體。這並不是指肉體上的驅逐，畢竟他是人，所以還是會為他準備飯菜，還是可以讓他共進飲食。要是他生病了，也會照料他。雖然這些事一如往昔，但是在共同活動時，則漠視他的存在。即使那個人開口說話，也當作沒聽到，直接跳過他徵詢其他人的意見。這種做法極為激進。

別人完全無視於自己存在，一般人受到這樣的對待，是無法忍受的。

被處以這種懲罰的人，是不遵守道德規範的人，是不遵守共同協定與和諧相處的人，是只想欺壓別人、主張自我本位的人。

採取無視其存在的一方，雖然給那個人充分的自由，但只要他沒辦法遵守團體的和諧，就沒有辦法把他當作團體成員的一分子看待，當作他沒有和大家一起共同生活。

當事人徹底嘗到完全被大家默視、被視若無睹的痛苦，直到他改變錯誤的生活方式、向大家道歉為止，這種默視的懲罰都將一直持續著。

一般人的漠視，只是壓抑情緒

一般人所做的漠視，並非佛教中的漠視。比方說，夫妻冷戰，一星期互不交談。這種情況下，彼此應當是很痛苦的。

對犯錯的人完全**視若無睹**。

在共同活動時，漠視他的存在，直到他改變爲止。

因為內心其實非常渴望和對方說話，很在意對方的事。表面上雖然當作隨對方愛做什麼都無所謂，但實際上就算沒有交談，彼此間還是有強烈感情相互交流。

一般人的漠視，只是勉強抑制自己不去聽那個人說的話，而漠視的一方，心中感情仍然波濤洶湧，只是強行壓抑，所以這不能算是漠視。

佛教的漠視，和夫妻的漠視，也就是夫妻間的吵架，完全不同。佛教的漠視並非是感情上的漠視，而是在一旁靜靜觀察那個人的行為是否改善，但是表現出來的行動，就像把對方當作隱形人似的，這才是我說的漠視。像這樣，讓對方看到你平靜愉快地微笑與舉止，即使他不存在也全然無所謂，會讓對方感到非常痛苦。

由於執行的是漠視的處罰，所以絕不能使自己受到損害。就是要讓對方看到，因為你對我造成傷害，所以我當作你不存在，這樣我就能幸福了。

你一點也不要覺得沒辦法跟他說話好難過，或許該跟他交談比較好。當你笑容可掬、光明磊落、照樣開心地過日子，對方應該會重新反省或許真的是自己錯了，必須認錯才行。

讓佛陀擔憂的車伕

佛陀出家前，是某國的王子，所以他有一位替他駕馭馬車的侍者叫車匿（巴利名Channa）。因為王子的地位崇高，並不是隨便什麼人都可以當侍者，因此車匿的地位相當於大臣。只要王子需要馬車時，車匿就必須隨時駕車，載著當時還是王子的佛陀遊走各處。

車匿非常崇敬佛陀，努力悉心照料他的起居。當佛陀出家時，也只帶著車匿一個人。雖然那時佛陀已不搭乘馬車，而是騎馬離開的，不過車匿仍然隨侍一旁，兩人的交情比任何人更好。

尤其是出家後，佛陀曾委託他代辦許多事，例如把他的王冠、珠寶、衣物，還給國王和皇后，並向國王報告他出家。後來，車匿也隨著阿難陀等尊者一起出家。

佛教的漠視並非是感情上的漠視，
而是在一旁**靜靜觀察**那個人的行爲是否改善。

然而出家後，車匿發現佛陀對待身邊的同修和自己的態度，完全跟出家前判若兩人。出家前，佛陀總是和自己在一起，但出家後，自己老是只能遠遠地在一旁觀看。舍利弗尊者、目犍連尊者、摩訶迦葉尊者等偉大的阿羅漢（完全悟道的聖者）總是隨侍在佛陀身邊一起行動，佛陀也總是和他們交談、拜託他們做各種事情。

由於佛陀不像在未出家前，總是拜託車匿，請他幫忙做這個或那個，使得車匿感到很寂寞。

不過，佛教出家的世界是神聖的世界，德行凌駕一切之上，和出生的環境、有錢與否、具有親屬關係與否，全都毫不相關，而是以「心是否清明潔淨」來判斷。因此，佛陀的身邊是由清明悟道的弟子隨侍，而車匿及其他正在修行的人，就少有機會接近。

於是，車匿就變得十分任性，抱怨說：

「你們這些人算什麼啊？佛陀變成偉大有名的人以後，你們才一副自以為了不起的樣子跟在旁邊。我可是看著他長大的，你們把我當什麼了？他出家時，一直跟在他身旁的人是誰，你們知道嗎？照顧佛陀從小到現在的可是我呀！」

車匿對其他僧眾總是擺出傲慢的態度，別人說的話他也聽不進去。其他僧眾如果勸他，出家人應該用怎樣的生活態度，怎麼做才是對的，他就不高興地反嘴：

「你們憑什麼說這種話，打算對我說教嗎？真是沒分寸！」

總之，他令僧眾們束手無策。結果，別說是修行了，想要指點他也不可能。車匿唯獨對佛陀，才會因敬畏而不敢抱怨。因此，佛陀也不曾直接對他說過什麼。

弟子們經常會請示佛陀如何處理各種事務，佛陀甚至連自己的葬禮該如何舉行，也都一一指示得很清楚後才入滅。不過只有一件事，佛陀一直放在心上。

佛陀非常關心每一個人，對於照顧自己的人更是充滿感謝，牢牢地記住他們對自己有恩。因此，他也掛念車匿。他知道車匿對自己抱著很深的關愛，就像愛惜自己的生命一般。但車匿現在的態度，還沒辦法將他導引到悟道之路，所以令佛陀很擔憂。

佛教出家的世界，德行凌駕一切之上，以「**心是否清明潔淨**」來判斷。

以漠視做為神聖嚴懲

因此，佛陀在入滅之前，拜託阿難陀尊者：

「車匿不聽別人勸導，總是我行我素、態度傲慢，真的很讓人困擾。所以，等我死後，請大家對他施行『神聖嚴懲（brahma daṇḍa）』*。」

當然，因為這些僧眾都是聖者，所以不會以毆打做為處罰。因為「聖者」和「罰」字義相反，所以阿難陀尊者便問：「神聖嚴懲是什麼呢？」佛陀加以說明：「請所有僧伽（亦即僧侶、僧眾、僧團）做出共同議決**。僧伽們誰也不要和車匿說話。車匿有說話的自由，不過僧伽中的任何人都不要回答他。另外，決定執行這個處罰時，應當正式向當事人宣布。」

---

* brahma的意思是「偉大的」、「神聖的」；daṇḍa的意思則是「懲罰」。換句話說，就是指「聖者的懲罰」。一般稱為「默擯」。「默」就是不和他講話，「擯」就是不理他。

** 所謂僧伽的共同議決，是指由比丘全員共同決定出家眾的規則或管理。這個議決不能任由個人的喜惡而不予遵守。當要處罰其中一位比丘時，也必須由僧伽全員一起決定。

向犯了過錯的人正式宣布：我們決定採取**漠視的處罰**。

學校當中似乎也有共同漠視某個同學的霸凌方式。佛教並不是鼓勵我們採取像小孩子欺負同伴的漠視方式，佛教的漠視是透過僧伽這個團體，經由會議全體人員一致決定的正式執法。

這種情況下，向犯了過錯的人正式宣布：我們決定採取漠視的處罰。學校的孩子們，並沒有透過學生會共同決定，而是自行對看不順眼的人視若無睹，因此這是不被允許的。

不管是逮捕一個人或是制裁一個人，雖然可以依照國家法律制裁，但個人或是組織卻沒有這種權力。雖然佛教中對於性格惡劣、不遵守和諧的人會採取漠視的處罰，但不是佛教徒的學生或是一般公司職員，就沒有行使漠視懲罰的權力。

佛陀的入滅使得僧眾慌忙了好一陣子。

當葬禮結束，一切恢復平靜後，為了整理佛陀的所有指示，僧眾（阿羅漢）聚集在一起。就在這個會議中，僧眾決議了：「那麼，就依照佛陀的指示，決定給予車匿漠視的處罰。」

在一般情況下，通常會讓當事人也會參加會議，不過在決定懲處會議時，則不讓他參加。會議結束後，阿難陀尊者去車匿家通知他大家已經決定處罰的形式。

「佛陀在入滅之前，決定了對你的懲罰。」

「什麼懲罰？」

「默擯。這是神聖的嚴懲。」

車匿追問了這是怎麼回事？

「我們從今天開始，不會再跟你交談。不過你要不要開口說話，是你的自由。」阿難陀尊者回答他。

聽到這個懲罰通知的瞬間，車匿因為打擊過大而失去意識，昏倒在地上了。

這個懲罰就是如此嚴格。可是就算如此，也不能夠覺得太嚴格了而心軟、稍微放寬一點。這在佛教戒律中是不被允許的。

車匿受到了嚴重打擊，而且，反正誰都不會跟自己說話，所以他就一個人開始很認真地冥想。一旦開始認真冥想後，他很快就頓悟了。

當他開悟了以後，思想就變得全面而透徹了，所有的懲罰也就自動結束。不過，因為要遵守德行規定，所以他便拜託僧眾：

「我對佛陀多所冒犯，所以接受了同修們這樣的懲罰。今後我會謹守戒律，請饒恕我吧！」

於是比丘僧伽之後再度召開會議，做出結論：「車匿已經誠心道歉了，要是僧眾們沒人反對，對車匿的懲罰就此結束了。」

默擯是神聖的嚴懲。

不能夠覺得太嚴格了而心軟、稍微放寬一點。

不自我反省，一切就沒意義

如果有人做了離經叛道的事，倘若我們不生氣，那個人簡直就會肆無忌憚，繼續胡作非為。要是我們生氣了，他發現有人動怒了，才會覺得害怕，因而約束自己的行為。所以，生氣能夠發揮它的效果。

一般的法律，就是建立在這樣的基礎論點上。在法律的執行上，不是採用對其生氣的方式，而是施以處罰，比方暫時停止其社會公民的某些權利自由。大家因為害怕被罵、害怕權利自由被剝奪，所以就盡可能約束自己不做壞事。

在佛教中，並沒有責罵行止惡劣者的想法。但是，對於那些認為大家都心懷慈悲，不會遭罵而為所欲為的人，會給予適當的懲罰。在車匿這段故事中，所決定的懲罰是漠視那個人。以這種方法對當事人施以完全漠視，是出於慈悲心期待對方成長而採取的方法。

再舉個例子：培育僧侶的方法之一，是讓他「攬鏡自觀」，讓犯了錯的當事人，能夠客觀地自我覺察。雖然僧侶可以命令犯了錯的人「去照鏡子反省」；不過，出家的比丘們平常就會「攬鏡自觀」，觀察自我、確認自己的行為有無過錯。**因為，如果不親自反省自己的行為，就沒有意義。沒有反省的心情，就沒辦法真正改過。**

想成為良善的人，最好能夠攬鏡深省，以確認自己究竟是否真切反省。儘管我們講求「不要生氣」，但並不是要人對任何事都只會連聲允諾，這只是懦弱性格的表現而已。

閻羅王的審判——讓人看見自己行惡的過程

日本關於閻羅王的故事，和攬鏡自觀的概念很相似。人死亡後，究竟是下地獄

讓犯錯的當事人「**攬鏡自觀**」，觀察自我、確認自己的行爲有無過錯。

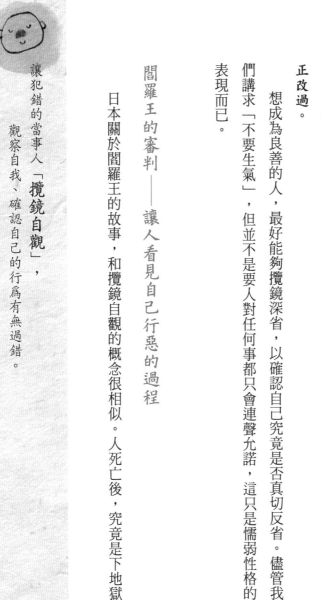

還是上天堂，是由閻羅王來審判的。因為這是佛教世界裡的故事，所以閻羅王審判的方式，和西洋宗教中的最後的審判並不相同，絕對不是以「不信神者入地獄」、「信神者進天國」這麼簡單的二分法決斷人的生死。

閻羅王的審判是讓當事人看鏡子。從鏡子中可以看到自己生前究竟曾經做了那些事情。看了鏡子以後，自己就可以判斷善惡是非了。因此，當事人能夠自行覺悟原來自己沒做過任何好事，所以該下地獄。

就算最後的結果是必須下地獄，也不是閻羅王的錯。即使閻羅王不做出裁決，當事人也能夠自行判斷自己該去的地方是那裡。換句話說，這樣當事人就能夠心悅誠服，甘心接受處罰。

從這當中學到的，並不是「以惡制惡、以暴制暴」，而是「讓當事人接受自己作惡多端的結果」。

這種攬鏡自觀的方式很有助益，請千萬牢記。

要是有欺負你、讓你很困擾的人，不需要還嘴也不需以牙還牙，只需要讓他照鏡子覺察自己的行為，這是讓當事人省悟、重新做人最簡單的方法。

突然被打也要無動於衷

舍利佛尊者是以絕不動怒、虛懷若谷而聞名的僧侶。佛陀常稱他為「我的右手」。佛陀甚至曾對僧眾說過：「能夠確實指導你們的，不是我就是舍利佛了。」由此可見，他對舍利佛尊者的讚譽推崇。舍利佛尊者擁有高人一等的智慧，更具備了豐富的知識，比任何人都更謙虛。但因為他太過謙虛，所以格外不顯眼。因此人們常問哪一位是偉大的舍利佛尊者呢？

有一天，有個婆羅門*聽到其他的婆羅門說：「舍利佛尊者的個性非常好。」

*婆羅門是祭司貴族，在社會中地位是最高的。古印度社會的宗教氣氛濃厚，祭司被人們仰視如神，稱為婆羅門。

不是「以惡制惡、以暴制暴」，

而是「**讓當事人接受自己作惡多端的結果**」。

他很不以為然地說：「有什麼了不起的，他不過是個禿驢罷了。誰會把禿驢放在眼裡呢？」當時的婆羅門對於僧侶剃髮的行為，抱持十分輕蔑的態度。

他想確認舍利佛尊者的性格是否真有那麼好，於是說：「那麼，我就去看看他是不是真有那麼偉大。充其量不過是個凡人吧？總會讓我找到什麼缺點的！」然後，他就尾隨出門托鉢的舍利佛尊者，突然從背後很用力地打了他。

普通人要是沒來由地被人打了一下，一定會有反應。

但舍利佛尊者卻連頭都沒回，若無其事地繼續往前走。那個婆羅門揍了他之後，一直在等他的反應，看到舍利佛尊者竟然全無反應，不禁感到有點掃興，便一直跟在後頭。可是，舍利佛尊者連看都沒看他一眼。

因此，那個婆羅門心想：「我實在太不應該了。這個人竟然連被打都不放在心上。我所做的事果真太冒犯了，這個人才真正了不起！」他不由得感到畏懼，身體微微發顫、全身冷汗直流。

然後，他走到尊者面前，跪下來向他道歉：「非常抱歉，請您饒恕我。」

舍利佛尊者問他：「怎麼了？你做了什麼事嗎？」尊者心中甚至連自己挨打了

的念頭，也絲毫不存在。他完全沒有懷疑或許眼前的人，就是剛剛揍了我的人。這使得那個婆羅門更加畏怯，舍利佛尊者竟然連被打了也完全不放在心上。

於是，他坦白地告訴尊者，自己剛才所做的壞事。

這時舍利佛尊者說：「原來如此，我明白了。我一點都不在意，我饒恕你。」

結果，這個婆羅門就因為這個機緣，成了佛教徒。

對一般人來說，這是很難達到的境界。要成為修行至完全開悟的阿羅漢*，必須達到完全沒有「實體＝自我」的境界。

因為阿羅漢對於每一瞬間的無常，都能夠充分體悟，擁有「內觀」（又稱毗婆奢那）的智慧，所以就算被痛揍一頓，對舍利佛尊者來說，也只是物質和物質在某個

*意譯為應供、殺賊、無生，漢語常簡稱為羅漢，是依照佛的教導修習四聖諦，脫離生死輪迴達到涅槃的聖者。

於每一瞬間的無常，擁有**「內觀」的智慧**，
就算被痛揍一頓，當下感到疼痛，這件事就算結束了。

瞬間的單純接觸而已。即使在當下感到疼痛，也只是心裡覺得「啊！好痛」，這件事就算結束了。連「我很痛」或是「我被揍了」的想法，也絲毫不會在潛意識裡留下蹤影。所以，才能展現出如此寬宏的態度。

偉人最是虛懷若谷

要是我們能夠捨棄不必要的自尊、變得十分謙遜，就不會有忿怒。

舍利佛尊者曾有一次沒留意到身上的衣服垂落了一處衣角。

因為僧眾的衣服穿著方式有嚴格的規矩，看到這種情形的某個沙彌就提醒他：「師父，您的衣服沒穿好。」

雖然這只是一件小事，但是即使這麼微不足道的事，舍利佛尊者也很感謝對方能提醒自己，於是正襟危坐地向沙彌道謝：「非常謝謝你提醒我。」

舍利佛尊者相當於佛陀的左右手。與他的地位相較之下，沙彌*還只是個剛出

*佛教中對年齡不足20歲，或其他初級出家男子的稱呼，其地位低於比丘。

沒有無謂的我執，
所以被指正出錯誤時，能心懷感謝對方的指點。

家的小孩算不上是真正的同修，差不多相當於見習生而已。但是，舍利佛尊者即便對這樣的沙彌，也完全沒有我執，所以才能做到這種地步。

因為沒有無謂的我執，所以被指正出錯誤時，能心懷感謝對方的指點，就只是這樣而已。

這對我們來說，或許是非常難以達成的境界，但至少應該牢牢記在心裡。

相對於舍利佛尊者高尚的行止，我們總是一天到晚擺出無聊的架子，覺得自己是了不起的課長或一家之主。如果為了芝麻小事生氣，我們的內在自我，將變得醜陋無比。請你務必記住舍利佛尊者的態度，抱持這樣的謙虛是非常重要的。

在我們佛教徒的世界中，所有僧眾裡最偉大的是佛陀；若要論第二偉大的是誰，那就是舍利佛尊者了。這麼一位偉大的人，被沙彌提醒衣服沒有穿妥的小事，仍虛心感謝對方的提醒。

「面子」是醜陋的

相較之下，我們又是如何呢？我們經常表現的態度總是「竟敢對我說這種話，你以為你是誰呀？」或是「你太狂妄了！」在大學校園裡，如果大一或大三生，對大四的學長抱怨了什麼，下場通常都很糟糕。在中學或高中裡也一樣，要是學弟妹說了什麼踰越的話，說不定會惹來學長的報復。

這種心態是很醜陋的。學弟妹遭到奴隸般的對待，卻只能一聲不吭，被前輩們又打又踢、被當作笨蛋耍、被頤指氣使地命令打掃、甚至還要幫前輩們洗內衣褲。要是學弟妹表達了什麼意見，必定會遭到斥罵少囂張了。然而，學長們這麼做就很開心嗎？未必會感到開心吧！只因為基於前輩和後輩的不同立場，卻讓後輩嘗盡了苦惱的滋味。

因此，真正偉大的人，不會威嚇對方。自己被指正錯誤時，只會直率地認錯。即使被比自己年紀小得多的孩子指正，也一定好好地讚許他。這樣的行為在佛教來說，就是美德。

當學生對老師說：「這裡錯了！」這時候，老師對這個狀況的反應如果是「讓我很難堪」「面子掛不住」，這樣的老師根本從一開始就不具備指導別人的資格。**喜歡把「面子」掛在嘴巴上的人，終究只是空洞貧乏的人**。被學生指正出錯誤時，能夠坦然給予學生由衷的讚美：「啊，的確如此。你了解得真清楚，實在太厲害了！」這才是真正了不起的人。

謙虛的愛因斯坦

愛因斯坦的住所，聽說除了大學研究所的人，其他人幾乎都不知道。有個學校老師偶然間得知了愛因斯坦的住處。有一天，他對班上某個數學成績不太理想的小女孩說：「妳的數學為什麼這麼差呢？虧妳家隔壁住了一位數學高手。」

真正偉大的人，不會威嚇對方。
自己被指正錯誤時，只會**直率地認錯**。

小女孩當然不知道老師說的是什麼樣的人，只是心想：「原來如此。那我就去找隔壁的爺爺，請他教我習題就好了。」於是她就按了隔壁家的門鈴。

愛因斯坦一開門，發現眼前站了個小女孩，就招呼她進來。這孩子立刻拜託他：「爺爺，學校的老師說，住在我們家隔壁的爺爺數學很厲害！所以，請您教我數學好嗎？」愛因斯坦當時已經是美國國寶級的人物，當然很忙碌，但是他卻什麼也沒多說，很細心地指導她。

過了些日子，小女孩數學突飛猛進，老師感到很不可思議地稱讚：「妳最近數學進步神速呢！」結果那個孩子回答：「老師不是說我們家隔壁的爺爺數學很厲害嗎？所以我就拜託那個爺爺教我了！」

老師聽了之後嚇了一大跳，趕緊告訴孩子的母親：「不得了啦！我說的時候並沒有那個意思，只是偶然知道愛因斯坦博士住在那裡，所以一不留意就說出口了。」由於擔心造成愛因斯坦的困擾，所以老師和孩子的媽媽便去向博士致歉：「真的很對不起！給您添麻煩了！」然而愛因斯坦卻說：「哪裡，沒那回事，我沒教她什麼，反而是她教了我許多事。接受指導的，是我才對。」

不愧是偉大的人物才做得到的事。畢竟他是提出相對論的人，不用說，當然擁有小學生遠遠不及的智慧，然而他竟然說是小朋友教了他許多事，的確是一位非常謙虛的人。

我並不認為愛因斯坦這句話有虛偽的成分。一個人不管有多麼厲害，仍然可以從孩子身上學到許多東西。要是一個品格不佳的人，多半會擺出一副傲慢的態度：「什麼？原來是個小鬼！去去去，我忙得很，沒時間陪你玩！」這麼一來，不就喪失了學習的機會嗎？

透過學習謙虛的態度，就能治好愛生氣的毛病。因此不妨試著挑戰自我：我應該能成為了不起的人，我應該能成為值得尊敬的人，我應該能培養出崇高的性格。要是一下子還做不到，至少能藉由模仿，逐漸接近偉人的境界。

透過學習謙虛的態度，就能**治好愛生氣的毛病**。

忿怒時，告訴自己「不要生氣」

研究佛陀經典的學者們，認為南傳佛教最具公信力的佛經就是《巴利聖典》（Suttanipāta）。連佛陀在世時也把整部聖典都背誦下來，還曾引用過其中的內容，告訴僧眾自己曾說過某段話。所以，這部聖典的可信度應該極高。

這部聖典其中第一篇，就是有關忿怒的偈語：

一旦忿怒生起，他能將之調伏，
如及時藥能減緩迅速蔓延的蛇毒，
如是比丘捨斷今生和來世，如蛇蛻去舊皮。*

*巴利語的原文為Yo uppatitaṃ vineti kodhaṃtVisaṭaṃ sappavisaṃ va osadhehiSo bhikkhu jahāti oraparaṃ Urago jiṇṇami va tachaṃ puraṇaṃ.

這段偈文是說：

「就像用藥物抑制蔓延全身的蛇毒那樣，抑制忿怒的修行者（比丘），捨棄的是今生和來世（輪迴）——這就好比蛇蛻皮時，一定捨棄衰老的皮一樣。」（節錄自中村元譯《佛陀的法話》岩波文庫）

這本書一開始就載明「**忿怒時，不要生氣，就是這麼簡單而已。**」這絕對不是什麼不通情理的玩笑話。因為佛陀就像祂自己所說的，只是做到「不生氣」，僅此而已。

脫胎換骨般捨棄忿怒

上述偈文所說的，其實是「當忿怒產生時，要控制它」。而控制的方法就像消

佛陀忿怒時，就像祂自己所說的，只是**做到「不生氣」**，僅此而已。

除蛇毒般。換句話說，當身體產生忿怒時，要將忿怒視如蛇的猛毒，立刻用藥物治療。至於讓忿怒消除的「藥」，則牽涉到佛教修行領域的問題了。

接下來的的說明是關於「如何捨棄」——要像蛇蛻去舊皮一般，把忿怒這層皮脫乾淨。佛教中是把忿怒視作「猛毒」。這個道理，即使是生活在現代的各位，應當都能很容易接受。

日本曾有某位醫師在著書中寫道：「**忿怒或貪婪，都會導致身體分泌出不良的荷爾蒙，使得身體健康狀況變差**。」這本書成為暢銷書，就是因為人們都相信書中闡述的道理；那麼，為什麼佛陀述說同樣的道理，大家卻不相信呢？這說來其實令人火冒三丈，不過佛教徒發怒是不被容許的，所以我不生氣。

重要的是：被奉為最古老的佛教經典，開宗明義就寫了「看待忿怒，要如同看待致命的劇毒」。

不生氣的人才能成為勝利者

我再介紹一段經文。出自稍早提過的《法句經》的第二百二十二偈。

若能抑忿發，如止急行車，是名（善）御者，餘為執韁人。*

這段經文是說：

「凡是能確實制止已上升的忿怒，就像制止失控的車的人，我說他是『御者』，其他的人只是『握持韁繩者』。」（節錄自中村元譯《佛陀的真理話語・逸興話語》岩波文庫）

*此處引用「了參法師」的譯文。巴利語的原文為：Yo ve uppatitaṃ kodhaṃ, Ratham bhantaṃ va dhāraye, Taṃ ahaṃ sārathiṃ brūmi, Rasmiggāho itaro jano.

要像蛇蛻去舊皮一般，**把忿怒這層皮脫乾淨**。

看待忿怒，要如同看待**致命的劇毒**。

我們逐字逐句分析這段經文。先來看「餘為執轡人」這句話是什麼意思。車子壞了就沒辦法行進。不過，如果是駕馭技巧高超的人，即使是故障的車子，也能設法開到目的地。一般人若是車子發生異狀，只能放棄開車。

佛陀時代的交通工具是馬車，馬車所發生的故障狀況，不外是馬匹躁亂、車輪異常、轡頭毀損、韁繩壞掉等等。擅長駕馭的人，不會因為這些問題而放棄，還是照樣能到達目的地。科技進展快速下的現代車輛，也許沒辦法照樣自行處理，一旦故障，若連專門的技術人員也無法維修，就只有報廢一途。

我們試著以馬車比喻成人生來思考：我們的心裡產生忿怒，就像人生這部馬車發生故障。如果生氣時也放任暴衝，人生會陷入危境。這就是放任忿怒這匹躁動的馬，自由行動的結果。

因此，**在生氣的瞬間，要設法消除忿怒。若能消除，那個人就是技巧高明的駕馭，能成為人生的領航者與勝利者**。這就是「人只要一生氣就輸了，不生氣的人才能致勝」的道理。

「御者」（sārathiṃ）這個詞，在巴利語中是領導者、勝利者、英雄的意思。所

以馬車比喻成人生：我們的心裡產生忿怒，就像**人生這部馬車發生故障**。

以「真正的英雄，真正的領導者，就是能化除忿怒的人」。成天怒吼著「聽我的就是了！」「你以為你是誰？」的人，是無法成為領導者的。

在這裡，佛陀特別強調了「我說」（ahaṃ……brūmi）。當提出和世人的想法相悖的觀念時，佛陀會特別強調「我說」。

面對真理或事實，即使不強調「我說」，只要客觀調查，誰都能發現那是真相。但是世人對於某些事物，有時難以由衷地贊同。譬如，一般觀念認為對為非作歹的人感到忿怒是當然的，但是佛陀則認為對壞人也絕對不能生氣。這是難以讓世人打從心裡認同的觀念，所以佛陀會強調「我說」，含有「**各位也許不能接受，不過事實就是如此**」的語意。

這種情況往往是佛陀要世人一定要接納、遵循與理解他與世間相左的意見，或是頓悟者的觀點，以及正確的道路和真理。「不生氣的人才是勝利者」就是屬於這類的話語。

接著，是「其他的人」（itaro jano）與「韁繩」（rasmiggāho）。無法控制忿怒或其他情緒，任憑情感放逸的人，只是手執人生這輛馬車的韁繩而已，他們並沒有駕馭能力。就像是汽車的方向盤，小孩子也能握得住它，但是要開車上路就一定得取得駕照。

依照佛陀的說法，無法控制忿怒的人，只是單純觸摸到人生的方向盤而已，而不會動怒的人，才是真正操控人生方向的人。生氣的人終究得照不生氣的人指示來行動。**能夠掌握群眾、帶領人群的，是不動怒的人**。

不管在任何時空，能夠真正帶領群眾的，總是不動怒的人。在政治界，政治人物總是互相爭吵、互相貶低對方，但最後能夠成為優秀的大臣或總理者，終究還是那些不管別人說他什麼，都能夠沉穩地微笑以對的人。所以，不管是大臣還是總理，都必須要習慣這樣的態度。若是為了區區小事就動怒與人爭吵的議員，那就失去了這個地位應有的高度。

所以，**真正的帶領者是絕對不生氣的，不生氣的人才能控馭大家的韁繩**。

要像一座有裂縫的佛鐘

我再介紹一句偈語。這是佛陀的法語，記住了一定對你有助益。

應棄忿怒心，應棄我慢心。*

這句話的意思是「**應該捨棄忿怒，應該拋開傲慢**」。佛陀認為忿怒和傲慢兩者都應當捨棄。因為心中有我執，所以才會有忿怒。所以佛陀認為該把忿怒和我執

*巴利語的原文為：Kodhaṃ jahe vippajaheyya mānaṃ
Kodhaṃ jahe=捨棄忿怒吧；vippajaheyya=捨棄；mānaṃ=高傲、執著。

無法控制忿怒的人，只是單純**觸摸到人生的方向盤**而已，而不會動怒的人，才是眞正**操控人生方向**的人。

一起丟棄。雖然這是相當困難的，卻是應該做到的事，所以讓我們牢牢記住吧！

有句偈語是「要像壞掉的鐘」*。一般的佛鐘，只要稍微碰觸一下，就會發出巨大的聲響；我們比佛鐘還厲害，只不過稍微被空氣輕撫而過，就會氣得要命。比方，有人從自己面前迅速穿梭而過，就不高興地指責對方舉止無禮。這麼一來，難道每次只要別人要經過我們面前，就非得打躬作揖才能走過去嗎？這個反應，雖不能說有多嚴重，但確實令人感到難以相處。

只要稍微犯了點小錯，人們馬上就動怒。有時連打個招呼，也會被指正用詞不對，應該更客氣點。這不就像是輕輕一碰，就會隆隆作響的佛鐘一樣嗎？

因此，佛陀說：「我們的心，應如一座有裂縫的鐘。」如果佛鐘有了裂縫，任憑怎麼敲，都不會發出聲響。

換句話說，不管受到什麼樣的攻擊，我們都不會發出怒吼，這就和捨棄我執是同樣的道理。

---

*出自《南傳法句經》「如一破銅鑼，默默無反響，既已證無為，寂然無諍論。」

如果生氣的原因消失，誰都能成為偉人

有一則著名的軼事是關於「忿怒是劇毒」的教誨。這是關於某個比丘的故事。

有位比丘常和比丘尼們一起聊天，交情很好。然而，出家是為了培養自立心，所以，彼此經常親密地交談、往來、結為朋友，是不太能被其他僧眾接受的，更何況，出家之後更需嚴格遵守男女有別。

然而，這位比丘卻和比丘尼建立起深厚的友誼，以致遭受到批判。

這位比丘很生氣。比丘尼們也都生氣地覺得其他人為何會對那麼好的人，做出如此過分的批評。同樣的，如果其他比丘們說到比丘尼們不好的地方，又換成這位比丘要生氣了。

其他僧眾因為完全對他束手無策，就向佛陀報告。佛陀嚴厲地訓了他一頓後，

我們的心，應如一座有裂縫的鐘。
不管受到什麼樣的攻擊，我們都**不會發出怒吼**，

就沒再多說什麼，開始說起一個很久以前的故事。

古時候，有個地方叫做舍衛城，城裡住著一個很有錢的女人。家裡除了她之外，只有一個女傭跟她一起住。這個有錢的女人在城裡很有名，人們都說她性格溫和又有耐性，從來不生氣，是個很了不起的人。城裡的人誰也沒看過她生氣的模樣，誰也沒聽過從那個家傳出吵鬧的聲音。

這位女傭心想：「我的主人很受城裡的人歡迎，大家都說她是性格溫柔、從不生氣的人。可是，她真的是那麼冷靜的人嗎？說不定只是因為我把工作都做得很好，所以她沒有發脾氣的機會而已。主人究竟是不是真的那麼冷靜的人，我來試她看看。」

於是有天早上，她故意睡過頭。女傭已經在這個家裡工作了幾十年，從來沒有犯過一次錯。當主人起床時，她總是已經把早餐準備妥當，也把份內的工作都做完了。然而這一天，當主人起床時，女傭卻還躺在床上睡覺，什麼事都還沒做。

因此，主人便到女傭的房間裡問她為什麼還在睡？這時候，女傭看了主人的眼神，她立刻明白，主人果然會生氣。於是只回答一句沒什麼事，就立刻起床了。

沒有生氣的理由時，誰都可以很冷靜，表現出一副了不起的樣子。不過，那並不是真相。

這個傭人心想：「原來如此，女主人果然是會生氣的，只不過是一直沒有機會生氣罷了。好，明天我再來試試。」第二天，她仍然故意賴床。結果這次主人很生氣地罵她：「起來！妳在幹什麼？為什麼睡到現在？」女傭仍然回答沒什麼特別的原因。

女傭心想：「第二天已經生氣罵我了。好，那麼我就再試一天看看。」第三天，她繼續假裝賴床。這次主人沒先罵她，而是直接拿了一根用來鎖門的門閂毆打女傭。那根門閂又大又重，女傭被打得頭破血流。

女傭一句話也沒辯白，而是直接走到門外，告訴所有人：「各位，你們都說我的主人是個性冷靜的了不起的人。可是你們看看我，我只是睡過頭而已，她就把我打成這樣。」

出了這件事以後，舍衛城的人都說：「那個女人真過分，竟然氣得虐待僕人，真是個可怕的女人。」女主人的名聲從此一落千丈。

佛陀述說這件故事，想要表達的是：沒有生氣的理由時，誰都可以很冷靜，表現出一副了不起的樣子。不過，那並不是真相。

假設有人為了修行，來到寺廟待兩、三個星期。然後，當修行結束，本人就算覺得自己的修為變好了，那並不是真相。是不是真的變好了，必須回到原來的社會中，才能立見真章。

當接受稱讚時不會生氣，是理所當然的。就算在這種時刻洋洋自得地說自己不太會生氣，也不會令人感到佩服。當足以生氣的條件全部齊備時，或許就會立刻怒火中燒了。

沒有具備生氣的條件時不生氣，並不值得被讚揚。**真正的「心中沒有忿怒」，應當是齊備生氣的條件也完全不生氣，就算是被人輕蔑瞧不起，也能笑臉以對。**

無論受到何種斥責都不生氣

人們在斥責他人時，所使用的說話方式有很多，佛陀把它分為五種。

第一種是「有切合時宜的話語，也有不合時宜的話語」。

第二種是「有合乎事實的話語，也有無憑無據的話語」。

第三種是「有溫和的言語指責，也有嚴厲的言語指責」。

第四種是「有時話語雖有意義，也有時話語毫無建設性可言」。

第五種是「有時話語帶有慈心，也有時話語則帶瞋恚」。（原文出自《鋸喻經》）

人類的話語可以分為上述五項。

不管別人對自己是有根據的責備或是無憑無據的斥責，我們都應該以偉大的心胸，冷靜沉穩應對；不管別人對自己是抱著慈悲心責備，或是怒罵，甚至是嫉妒，我們都該以寬大的心情接納。

不管是什麼樣的時刻，都要隨時保持平心靜氣，愉快地生活吧！

不管是什麼樣的時刻，都要**隨時保持平心靜氣**，愉快地生活吧！

不管發生任何事，都要保有波瀾不起的心境

我們該如何保有這樣的心境呢？我先打一個比方說明。

假設有人對地球感到很生氣，於是拿來一把鋤頭。「你這個可惡的地球！我要用這把鋤頭在地球上亂劊亂挖，把你挖得亂七八糟的。我要破壞你，讓你消失！」於是他開始胡劊亂挖。

不過，一個渺小的人類拿著一把鋤頭挖，是不可能損傷巨大的地球的。我們應該要學習地球的寬大，試著告誡自己：我要培養像地球般的心。即使別人拿了鋤頭來我這裡挖個小洞，也要無動於衷，保持像地球一樣不受言詞傷害的心境。

再打一個比方。有個人帶了五顏六色的顏料，打算在天空上畫圖。「我來用各種不同的顏色彩繪天空，盡情地在天空中畫畫！」就算有人這麼想，也不可能在畫在天空上，只會弄髒自己的手而已。

反過來想想，不管別人說什麼，總是保持如天空般不受言語沾染的心。若能下定這樣的決心，不論是誰，都沒有辦法在他的心上描繪任何東西。

這裡所講的描繪，就是忿怒。

請立志練成不管人們說的是溫柔的言詞、嚴厲的話語、或是佛陀所說的五種類型的言語，都不會被任何一種所傷害。

我再說一個印度的比喻。

古代的人沒有手電筒，所以他們會捆綁葉片，點燃後當作火把用來照明。假設有個人拿著一支小火把，走到恆河邊，心想：「我來把恆河的水加熱，全部讓它變成蒸汽升空。」然後，他拿著自己的火把想點著恆河，你認為結果如何呢？難道恆河水會被他點燃後沸騰燒光嗎？會燃盡的只是那支火把罷了。

因此，不論別人如何非議，我們只需讓自己保持冷靜沉著，永遠保持一顆像恆河般不會被激怒而沸騰的心來應對，這樣就可以了。

不管別人說什麼，保持如天空般**不受言語沾染**的心，
誰都沒辦法在他的心上描繪任何東西。

第四章

怒氣退散

覺察內心的怒氣

我要一再強調，不要生氣比較好。真正要做的，並非尋找不生氣的方法，而是根本不生氣。在這個世上，當發生打殺等等一切駭人聽聞的事情時，都是發生在當事人發怒的時候。

請你仔細看看這個世界。

人們不是會因為極度生氣而殺人嗎？人們不總是因為生氣而侮辱和批判他人嗎？分明屬於同一國家卻發動戰爭，彼此殺戮不是嗎？

我沒有撒謊也不是在開玩笑。人只要一生氣時，當下的狀態就和妖怪沒什麼兩樣，根本不像人。大家不也常說「那個人生起氣來像個魔鬼」嗎？

就算只發作過一次，也會令人感到害怕，更別說一再生氣了。再沒有什麼事比一再發怒更恐怖的了。請你時常告誡自己：「就算只是輕微的，生氣就是一件恐怖的事。」要是忍不住生氣了，立刻提醒自己：「啊，我掉落生物次元的最底層了，一直待在這裡可不行！」應該趕快回到人類的次元。

你不想變成比動物更低等的無知生物吧？因此，**請務必了解生氣是最低級無知的人，生氣等於捨棄了人性**。

更要在心裡深刻烙下：處於忿怒狀態下的自己，已失去了理解力、合理性、客觀性及一切。只要能體會這個道理，你就不會再生氣了。

並不是要你努力去壓抑忿怒，而是一察覺心中有忿怒，就能立刻平息下來。

請務必挑戰看看！

「壓抑、忍耐」忿怒大錯特錯

處於生氣狀態的人，忿怒就取代了他原有的人格，變得毫無智慧可言，也沒有

眞正要做的，並非尋找不生氣的方法，

而是根本**不生氣**。

知識，更缺乏理解能力。處於忿怒情緒的人，經常是愚不可及的。

然而，**忿怒並不是壓抑了就會消失的東西**。雖然我們常聽人說「壓抑忿怒」或「我要忍耐」，但這種做法無法使怒氣消散。

因為忿怒產生的場所是在人的內心，儘管咬緊牙關說「我要忍耐」，結果怒氣只是原封不動地停留在內心。要是一生氣就忍耐，結果變成終其一生都必須忍耐。

這種情況，西方的思維是勸導人們發洩壓力。好比排放瓦斯般，讓壓力一口氣發洩出去。

然而，世上沒有比這種做法更危險的。如果認為只要發洩了，就能輕鬆痛快，無異是將忿怒的情感正當化，屬於不追究原因，只是頭痛醫頭、腳痛醫腳的思維。

按照這樣的思考方式，不免會變成生氣時，只要發洩就好了。完全不是根本的解決之道。而且發洩忿怒將造成他人的困擾，一點也不值得推崇。

舉個容易明白的例子說明。假設我的腳受傷，因為疼痛而煩惱。這時候有個人過來提議：「你覺得腳很痛吧？我會設法幫你，讓你不再感覺這種疼痛。」

「好。拜託你了。」一回答後，對方就拿了一根球棒，用盡全力往我的腳敲下去，我的膝蓋被他打碎，劇烈疼痛得彷彿眼前冒出全宇宙的星星。不過，多虧這麼一敲，我已經感覺不到原先腳傷的疼痛了。

的確，就像那個人說的一樣。如果他問我：「你還覺得原先的腳傷很痛嗎？」原先的疼痛確實已感覺不到了，但膝蓋骨被他打斷，產生的是其他更劇烈的疼痛。發洩壓力就像這樣，只是以更大的傷害掩飾小傷痛而已。

覺察忿怒的瞬間，怒氣消失無蹤

因為忿怒是從自己心中產生的，解決的唯一方法就是徹底消除那股「毒素」。「內觀」（釋迦牟尼教導的開悟冥想法），也就是「觀照當下的身心」，是世界上最科學、最能夠根絕忿怒之毒的方法。

處於生氣狀態的人，忿怒就**取代了他原有的人格**。

咬緊牙關說「我要忍耐」，結果怒氣只是**原封不動**地停留在內心。

所以，一旦怒氣產生時，立刻內觀自我，馬上會發現自己：「啊！我生氣了。這就是我現在的情緒狀態。」

再試著觀照與體察忿怒的本質。「現在這一瞬間，我感到心情很不愉快。這是生氣的情感。也就是說，我現在正處於生氣的狀態。」藉此把一向注視外界的眼睛，轉向觀察自己的內在。

一開始當別人說什麼，就會立刻就生氣，這是沒辦法的。不過，**不要因此而沒完沒了地任由他人言語擺佈，而是在生氣的瞬間，立刻內觀到自己在生氣，這就是忿怒。**

這麼一來，忿怒應該就能在產生的瞬間立刻消失。只要忿怒消失，你的內心就能立刻覺察下一種感覺。

忿怒一消失，你會感到心情舒坦，就像是頭痛時吃了止痛劑，疼痛消失，心情就像撥雲見日般舒暢。相同的，當怒氣消失，你會感到心情開朗，恢復精神，十分地幸福。

如此一來，你將會更有自信地誇讚自己：「忿怒消失了！我也能妥善自我控制了！」這麼一來，就不會總是因為生氣的情感而困擾，能夠平心靜氣地傾聽別人的話語。

平息忿怒的方法就只是這樣——立刻觀照自己的內心。一觀照自我內心，怒氣就會立刻消失。不需要嘗試其他方式，這是既簡單又可以馬上做到的事情。

既不需要心理學的專業知識，也不必接受諮商。完完全全不需要。

最重要的就是「觀照自我」，只是如此而已。請你牢牢記住這點。

佛教中以「愚蠢的人」「死掉的人」「睡著的人」等用詞來稱呼「未能覺察當下的人」。無法覺察自己生氣瞬間的人，將淪為怒氣的凝聚體。

因此，在生氣過後，你會發覺自己生了氣，更嚴重的情況下，可能過了三年，你突然回想起當時真令人生氣，結果又再度勃然大怒，每回想一次，都會再度摧毀自己，陷入不愉快的情緒。

試著觀照與體察忿怒的本質，把一向注視外界的眼睛，轉向**觀察自己的內在**。

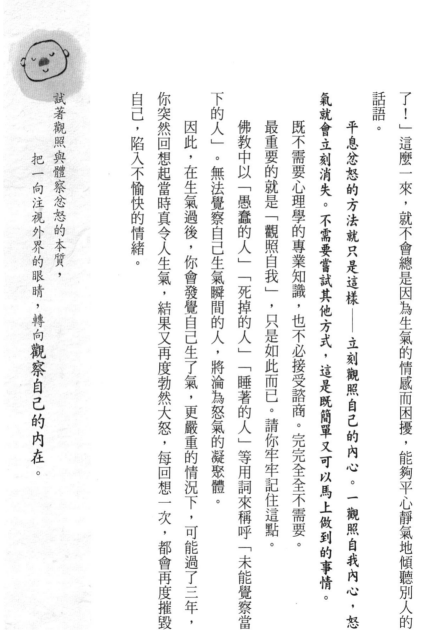

一旦動怒就提醒自己是輸家

在生氣的那個瞬間，幸福就瀕臨危機。所以一定要盡早撲滅忿怒的火焰。

接下來，針對如何消除怒氣的方式，我會盡可能詳細說明。不過，在說明之前，要先確認一個要緊的重點。那就是「**生氣的人是輸家**」。膽小怯弱缺乏自信的人，才會以發脾氣虛張聲勢。生氣的人都是對自己完全沒有自信、對任何事都懦弱怕事、沒有勇氣承擔、無法在社會上挺胸昂然生存的人。因為不想面對真實的自己，所以故意擺出一副兇惡的臉孔，讓別人不敢靠近，然後只能在遠處咆哮、虛張聲勢、狐假虎威。

社會上有些人明明位居高官，卻一天到晚斥責部屬、怒吼不停。這樣的人就是沒有內涵、缺乏品格，也不夠聰明，所以才會整天怒氣沖沖，這樣的人絕對沒辦法成為了不起的領導人。

所以，請務必記住「生氣的人就是輸家」，此外什麼都不是。

動物的世界裡，強者不輕易動怒

就性格來說，愛生氣的人是人類當中最差勁的，做什麼都一事無成的輸家。

只要看看動物界就會立刻明白。弱小的動物總是立刻生氣。對人發動攻擊的，往往是弱小的動物；相反的，龐大的動物，反而很少生氣。

比方在森林裡，體型最大的是象。大象具有王者般的架勢，在森林裡自由來去，折斷樹枝、拔取草葉做為食物。大象進食時，總是先用力搖晃草葉，使沾附上面的泥土或蟲子掉落，弄得乾乾淨淨才吃，絕不會不小心連蟲子也一起吃下肚子，過著不打擾其他動物的生活。

當老虎在湖邊喝水時，鹿會設法躲起來不靠近湖邊。但是大象想喝水時，不管是湖邊是否有老虎還是獅子，照樣進入湖裡喝水，因為大象的強壯，連老虎及獅子

在生氣的那個瞬間，幸福就瀕臨危機，
所以一定要**盡早撲滅忿怒的火焰**。

都得敬畏三分。

要說完全不聽人指揮的動物，就是犀牛了。在印度，是利用大象來照顧犀牛。由於人類無法單獨靠近犀牛，只好騎著大象靠近過去照顧牠。對人說的話根本充耳不聞的犀牛，一旦換成大象接近牠，情況完全不同。雖然大象並不會故意去踩犀牛，但是對犀牛來說，想必感覺到的是要是被這個龐然大物踩中，必死無疑。大象的存在有其威脅性，所以犀牛會自行避開。也因此，為犀牛做檢查時，必須注射麻醉藥，所以檢查人員會騎著大象以麻醉槍射擊。

母親輸給忿怒，孩子也會不幸

輸家毫無例外的，總是立刻就生氣，所以一眼就能辨識出來。

比方說，母親具有輸家性格，對於照顧孩子，有時會出現失去自信的時刻。這種狀況下，孩子一哭起來，母親立刻感情用事地發脾氣。但是母親一邊發脾氣，卻又一邊強迫自己不可以發脾氣，一定要設法安慰孩子。雖然不斷告訴自己：「這是我的孩子，我要好好疼愛他。」但是因為母親並未真正了解忿怒的本質，所以沒辦法順利應對。

結果，媽媽因此累積了壓力，變得很神經質，更加歇斯底里。陷入最後的窘境時，甚至引發精神疾病而殺死自己的孩子。並非母親不愛孩子，而是這樣的人，從

母親一邊發脾氣，卻又一邊強迫自己不可以發脾氣，因爲**並未眞正了解忿怒的本質**，所以沒辦法順利應對。

一開始就注定是輸家。

相反的，有自信的母親，不管孩子夜裡啼哭得多大聲或是惡作劇，也不會亂發脾氣，而是擅於控制情緒。雖然也會斥責孩子：「真是的，怎麼這麼不乖？」但這只是表面上的，並不是感情用事的怒罵。

所以，**有自信的母親能夠有條有理地管教孩子，更能有理性地顧慮孩子的自尊心及立場，在不傷害他們的前提下，好好地撫育孩子。**

「不生氣」和「沒關係」的態度不同

真正力量強大的優秀的帶領者，絕對不會發脾氣。

「真正的人」是不生氣的，生氣的人只是贗品。若能養成消除怒氣的方法，我們就能成為真正的人、真正的領導者。不生氣的人成為領導者是理所當然的。

但是，「不生氣」並不是無論任何事都抱著「好好好，沒關係」的態度。我擔心有人聽了我的話會誤解，所以在此說明一下。

有個孩子在母親面前調皮搗蛋。但那位母親因為心想：「師父曾經告誡過不可以生氣。」於是，孩子犯了過錯也不責備，只是說：「好了、好了，我知道了。」我恰巧目睹了這幕情景，認為這樣是不對的。這麼一來，便完全無法管教孩子。

要是真的愛孩子，一定要嚴肅地告誡孩子不可以這麼做。但是那位母親卻沒辦法對孩子說：「媽媽不喜歡你做這種事。做這種事很差勁，不可以！」這絕對不是正確的。

不生氣就有自信，就能冷靜溝通

有真正的歡喜，也不動怒，就能展現出有如王者般的威儀。當有人犯了錯，只需要說：「這麼做是錯的，不要這麼做」就已經足夠了。

有自信的母親，**不會亂發脾氣**，而是擅於控制情緒。

不生氣的人擁有自信，能夠冷靜地就事論事，即使對方處於氣頭上也不會和他意氣用事起衝突。只要能夠理性的體諒對方，就能站在他人立場給予建議，不致傷害正在生氣的人的自尊心，而化解劍拔弩張的氣氛。

請你回想自己說的話不被接納時的心情，當時自己的心中一定是歡喜和自信都蕩然無存吧！所以才會一再重複同樣的話。然而，不管重複多少遍，對方仍然充耳不聞。

相反地，如果我們說：「這麼做不好，請你立刻停止！」對方就會好好地照著去做，說話的人也會得到自信，說出正確的話。這在現實生活中的公司場合也能經常看得到。

由於有太多人沒有自信，卻希望別人照自己的意思去做，這個世界才會充滿混亂及糾紛。明明輸家之流的人說的話不合情理，但因為不中聽又再度惹他生氣。不用說，世界當然會變得很悲慘。

要求自己無論被怎樣對待都不生氣

有一則被稱作「鋸子的比喻」*的說法。這是一則明確揭示佛教徒戒律的故事。我用這個例子來具體說明消除忿怒的方法。

這個比喻當然並不是所有人都能夠接受。首先，必須是對自己誠實的人，才能消除忿怒。你大概會認為雖然偶爾會有不誠實的人，但大部分的人不都是很誠實嗎？很可惜的，所謂真正誠實的人，在這個世界上很少見。**要是能夠發自內心認**

*出自《原始佛典之中部經典・第廿一》。「假設強盜用鋸子割斷你的手足，如果你因此而懷恨在心，你就不是佛法的信徒。」

不生氣的人**擁有自信**，

能夠冷靜地就事論事。

為自己是誠實的，人們的人格就真的能夠明顯地提升了。

實際上，雖然大家都為了成為好人而拚命努力，但總難以如願以償。

你知道其中原因嗎？

那是因為「要成為好人」的想法，並不是真正誠實的心情。

人們的心裡總會抱著「我才是對的」心情。

這些人想和世人比較，在心裡喃喃唸著：我一定要更努力、我一定要成為不生氣的人、我一定要成為不撒謊的人，但這並非真正發自他的內心。

真正的心聲往往是「我認為自己是正確的」。

「自己未覺察的根本心意」和「自己覺察到的心情」根本南轅北轍。真正對自己誠實的人，很少產生這種矛盾。

佛陀說的這個鋸子比喻的心法，對這樣的人才有效。

佛陀說：「比方說，有群兇惡的盜匪來了。他們抓住什麼壞事都沒做的你，只因為覺得『若把這傢伙切開來，一定很有趣！』

就是以這麼莫名其妙的理由，用鋸子把你的手足鋸斷了。

然而，即使在這種時刻，你都不能有絲毫怨恨的想法。

因為只要你一生氣，就不是實踐佛陀教義的人了。所以如果想成為佛門弟子，我希望你們至少要有這樣的決心。」

佛陀之所以這麼說，就是希望人們誠實面對內心，就能控制自己、消除怒氣。

這個比喻就像是說：**不可以生氣，生氣是劇毒**。

即使是被殺的瞬間，只要一生氣，你的心就汙濁了，你所苦心修行的德行全都無效，反而走向通往地獄的道路。被殺死的你將蒙受最大的損失。

其次，**讓自己學習不管人家如何對待都不生氣**。這麼一來，即便有人說了失禮的話、別人忽視我、被婆婆虐待等等微不足道的事，你應該都不會再生氣。

只要達到「就算無緣無故被殺死，也對殺我的人無所怨恨」這樣的覺悟，活在這世上，再也沒什麼能夠令你生氣的了。

「要成爲好人」的想法，並不是眞正誠實的心情。眞正的心聲往往是「**我認爲自己是正確的**」。

理解真正的平等，沒有誰特別重要

生命的權利一律平等。只是隨著生命形體不同，各自有著不同的生存方式而已。只要真正了解生命的平等性，就不會有忿怒。

蟑螂總是躲在廚房等陰暗的角落。家裡飼養的貓，吃的是主人為牠準備的食物。老鼠則在大家都睡了的夜深人靜之際出沒，偷吃殘羹剩飯。不過，牠們的生活型態只是因為受限於「形體」而已。

相對於蟑螂老鼠，人們不需要躲躲藏藏地生活，純粹是因為和牠們在體型上的差距，並不是人類比牠們偉大。

以生命本質而言，都是相同的。

因此，**我們對其他人沒有生氣的權利。如果你生氣了，那就是並未了解「平等」真義的證據**。

一切生命都有各自的苦惱和痛苦，這是對等的。

沒有任何一個人的煩惱特別重要。要是彼此的煩惱互相衝突時，雙方都因為執著「自己才是正確的」而不肯讓步，一定會造成兩敗俱傷。

要是能夠抱著眾生平等的心態，「我的煩惱是我的煩惱，對方的煩惱是對方的煩惱」，我執就會逐漸消散，而不再怒氣橫生了。

就算是會對自己的孩子生氣，也是因為我們沒有認識真正的「平等」。不管是一般大眾或是僧侶都相同。認為因為對方是弟子，所以對他們生氣，這也是錯誤的。即使形體相同，誰都沒有任意對人發脾氣的權利。

學校老師和學生們都是平等的，校長和教務主任也是平等的，即使應該糾正對方不當的行為，也沒有對他生氣的權利。

要是自己沒做錯事卻被長輩責罵了，應該暫時不去惹怒他。若是對比自己年紀小或輩分低的人，應該抱持大家同樣都是人，彼此好好談談以解決問題的態度。

倘若能夠如此運用平等的概念，那就太美好了。

生命的權利一律平等，沒有任何一個人的煩惱特別重要，誰都沒有**任意對人發脾氣的權利**。

不執著於生存價值，狀況變了調整思維就好！

我們平時會基於莫名的標準，擅自認定自己達到幸福的條件。我們對自己說「只有這樣才是我的幸福」。比方能吃到美味的食物很幸福、孩子是我的寶貝、我要努力實現出國旅行之類的生存價值，認為只要能達到這個目標就會變得幸福。

那麼，要是讓自己幸福的生存價值消失了，會怎麼樣呢？

這時將會開始感到自己非常不幸。

假設有個女人認為養育孩子長大成人，是她的生存價值，並因此而精神百倍、不斷努力。然而，眼看著孩子一天天長大，直到孩子離家以後，她就完全失去了鬥志而意氣消沉，強烈地感到自己十分不幸。然後她開始生氣並怨天尤人，覺得自己把孩子養到這麼大，勉強自己省吃儉用，孩子卻完全棄自己於不顧。

結果會變成怎樣呢？

這樣的人，會開始百般約束想獨立自主的兒子，甚至虐待媳婦，不時和身邊的人起衝突，使得周遭的親友逐漸討厭她，對她敬而遠之。長此以往，身體健康也每況愈下，飽嘗不幸的滋味。

上班族也相同。一旦認定工作是唯一的生存價值，退休以後就變得無所事事，甚至因為百無聊賴而很快地引發了致死的疾病。

為了不要變成這種下場，不管處在任何狀況都要學習無所抗拒、接受現況，並且樂在其中。也就是說，有工作時就樂在工作，工作結束時就享受退休生活，兒孫來了，就和兒孫盡情玩樂。這樣就好了。

沒有必要執著於「這是我的生存價值」。因為所謂的生存價值，是自己隨性決定的，只要思維改變了，也可以隨之變動。

一整天和孫子玩樂，也會感到身體疲累不堪。所以，等孫子回去後，只要調整心態：總算又有了屬於自己的時間，趁機悠閒地休息一下。這麼一來，自然又能夠有別的愉悅。不要老想著孫子不在身邊，真是寂寞，而應該調整自己的心境：昨天

沒有必要執著於「**這是我的生存價值**」。

不管處在任何狀況都要學習無所抗拒、接受現況，並且樂在其中。

跟在孫子屁股後面團團轉，也夠受了。今天就享受難得的悠閒，放鬆休息一天！

不管周遭狀況如何轉變，養成不去抗拒或加以否定的心態，就不會有生氣的餘地，能夠一直享有幸福的滋味。

沒有嚴重到足以摧毀人生的問題

好比說，有的人在職場中被故意冷凍：重要的工作都不交給他、光是叫他做些可有可無的工作、不管他做什麼主管都不滿意。雖然當事人確實會很痛苦，但是有必要因此而摧毀自己的人生嗎？只要保持開朗，這種問題很快就可以解決的。

有些公司也會為了想開除某個人，故意不給那個人工作，使他每天到了公司，只能坐在位子上乾瞪眼。當事人因為自尊心比別人高，所以處在這種情況下感到格外痛苦。

如果是我遇到這種情況時，會怎麼辦呢？我大概會把報紙、雜誌、想讀的書全都帶到公司，把腳抬放到桌子上，整天盡情地看個夠。然後泡咖啡、紅茶給大家

養成**不去抗拒或加以否定的心態**，就不會有生氣的餘地，能夠一直享有幸福的滋味。

喝，吃吃點心度過一天。下班時間到了就準時離開。我會坦然接受這種狀況，反正想工作也沒工作可做，所以乾脆利用這個時間盡情做自己想做的事。

要是旁人對我這樣的態度生氣了，罵我：「你還能悠閒地看書，真有時間！」我便會直言以告：「那麼，請告訴我，我該做什麼呢？因為就算我想做，也沒工作可做，不如至少提振精神。」

或是「只要有你們好好工作不就行了？你們不是都忙著工作，根本沒時間聊天嗎？」能夠這麼回答，就是我勝利了。

請你照著試試看，我想不用一、兩天，問題應該就能解決了。自己也會感到開心，沒被這種事打敗。

因為我們有無謂的虛榮或自尊心等種種想法，所以才會不斷地煩惱著這是公司霸凌、一定是想炒我魷魚，或是公司不想支付解雇我的遣散費，所以希望我自己主動辭職。

實際上，仔細思考一下就會發現，這個社會中存在的欺負，都算不了什麼。為了能夠建立這樣的思維，每當自己覺察快要動怒的時候，請你想想佛陀說的話：

「就算是盜賊來將我的身體切得支離破碎，我仍然不動怒，只要一動怒，就是我輸了。」

如此一來，你的怒氣自然就能消解了。

捨棄「我執」，卸下人生的枷鎖

人們總是會緊抱著某種頭銜或我執，這些頭銜和執念也是自己的枷鎖。

我執就像背負在肩上的十字架。扛著這樣的十字架，就等於祈求死亡早點降臨。不妨試著以我執構築自尊，結果一定是忿怒毀滅了所有的自我。你將發現，事情無法如預期的順利進行，而且每一次都為了小事生氣，終將導致身敗名裂。人生中充滿我執的人們，只能伴隨我執痛苦地活著。不但無法和社會和諧共存，反而是與社會潮流逆向而行。

各位都知道耶穌基督最後的結局吧！也就是耶穌被處刑時的情形。照理說，是決定行刑的人該架設起十字架，然而他們竟然很殘酷地要耶穌自行背來十字架。也

頭銜和執念也是自己的枷鎖。

我們沒受到強迫，反而沾沾自喜地背著。

就是說，耶穌親自背著即將用來殺害自己的刑具。耶穌是被他人強迫，不得已才這麼做的；可是我們卻是沒受到強迫，反而沾沾自喜地背著十字架。

因此，我在這裡要說的方法是「捨棄我執」。

不過捨棄我執，並不是要大家連自己的名字都忘掉。比方說有位姓田中的人，當別人叫他名字時，也全無反應。他說：「咦？我叫田中嗎？因為我完全丟掉我執了，所以連名字都忘記了。」

不必做到這麼徹底的程度，記著自己的名字倒無所謂，但是除此之外的一切，請全部捨棄。譬如人家問你：「請問您是哪位？」這時，只需回答：「我叫田中。」這樣就夠了，不必詳述：「我是在某某地方從事某某行業，人稱某某的田中。」這些累贅的頭銜，只會使你背負更多的痛苦。

捨棄「自以為是」的我執↓自己其實沒什麼了不起！

說起來，我們為什麼會誤以為自己很偉大呢？

那全是因為「我執」蒙蔽了我們的雙眼。如果你能拋棄「我」來觀察這個世界，付諸行動，就不會產生如此的荒謬的思考。

應該抱持著自己非常平凡，沒特別了不起的思維比較好。就算你是東京大學畢業的，當有人命令你把這個房間掃一掃，也要立刻答應，並且馬上去打掃。就只是這麼簡單的事。

然而，現代社會中，要是命令一個東大畢業生去掃地，恐怕會引發後續的麻煩風波。

也有的女性因為在公司被命令倒茶水而煩惱不已，甚至因而悶出病來，實在令人感到很痛心。可是請你仔細想想。只不過是被叫去倒個茶水，竟然因此煩惱、苦悶、生氣，以致殘害自己的健康，實在是一件傻事。

人家要求你去倒茶，就去倒個茶，這樣就好了。這並不是什麼大不了的事。只

我們爲什麼會誤以爲自己很偉大呢？

因爲「**我執**」蒙蔽了我們的雙眼。

要去了公司，一直到下班，這段時間都是屬於公司的，所以不管是要你去倒茶或是掃廁所，都屬於薪資支付的一部分。

工作時間是固定的，在一定時間內能做到的事也是固定的。所以不需要心有不甘地認為竟然叫自己去倒茶，只要自然而然地做自己能做到的事就好了。

要是人家吩咐你：「把這個資料印一萬份，全部印好、裝訂好，做成資料夾分發給大家。」結果一天做不完，那就分成幾天做完。要是忙著這個工作卻又被叫去倒茶，也不需要抱怨「我這麼多工作都做不完了，竟然又叫我去泡茶！」只要爽快地答應，俐落地倒好茶，事情就解決了。即使原本的工作因而中斷了半個小時，也不需要對無法完成工作的自己發脾氣，因為是下命令的人不對，公司不能責怪你。

之所以為了這些事生氣，主要還是無謂的自尊心或我執在作祟。只要能夠捨棄自尊心和我執，大部分的困擾都不會發生。

堅持自己具有社長、經理、妻子、丈夫的身分，都是無謂的執念。有的男人結了婚認為自己就是一家之主而自以為是，變成大男人主義，成天對太太和小孩頤指氣使。這麼一來，將使自己和整個家庭都陷入不幸的泥淖。

捨棄「自我貶抑」的我執↓做自己能辦到的事就好！

「我是何等的人物」和「我什麼能力也沒有」兩種思維同樣是我執。

因為想著別人各方面能力都很強，相形之下，自己什麼能力都沒有，就會產生嫉妒、怨恨的心理。由於厭惡自己的能力不足，面對有能力的人就容易產生忿怒。

不過，就算你缺乏某種能力，應當也沒有什麼不方便吧！沒有任何一項工作是非由你做不可的。自己做不到的，就由做得到的人幫我們做就好了。

不管對任何事，每個人都只需去做合乎自己能力的事就好了。捨棄「自我中心」的我執，就不會有任何問題了。

圖畫得不好的人，沒有刻意勉強自己去畫的必要，讓會畫畫的人去畫就好了。

不會彈鋼琴的人，對會彈鋼琴的人，也沒有必要生氣、嫉妒甚至惡作劇。不會彈的

「我是何等的人物」和「我什麼能力也沒有」兩種思維同樣是我執。

人，只要扮演聽眾的角色，不就好了嗎？世上固然存在著能夠把鋼琴彈得很好的人，也需要能夠聆賞音樂的人，不是嗎？這麼一想，忿怒就會全消了。

世上不可能有人什麼事都會，只要發掘自己的能力，然後善用自己的能力就夠了。

捨棄「老經驗、年長」的我執→專心在工作上就好！

四十五歲左右的人剛開始在便利商店打工時，可能感覺不太舒服。那是因為他心裡想著自己都已經這把年紀了，卻還在做這種誰都做得到的簡單工作。

很多人即使被別家公司挖角，也很難下定決心辭掉現在的工作，捨棄目前工作的資歷或待遇，一切從頭開始。萬一新公司的主管比自己年輕，要下定決心跳槽，更是難上加難。

假設面試官是三十歲，接受面試的人是四十五歲。如果面試官抱著自己「年輕有為」的我執，而接受面試的人抱著自己的「經驗豐富且更加年長」的我執，彼此都會感覺格格不入。

這都是日本到處可見的現象，令人很困擾。

人的自由將會逐漸消失。明知是一份很好的工作，或是自己很有興趣的工作，卻因為這樣的執念，就失去了機會。這樣一來，待遇佳又有趣的工作機會，不就逐漸從眼前溜走了嗎？

要是我們在面試時，能夠純粹聚焦在能力和經驗上面，一定可以獲得很好的結果。沒有我執的話，上司比自己年紀小多少歲都無關緊要，只要能專心於這份好工作就夠了，這樣就能以輕鬆的心情工作。

這些情形，可以說一切問題的原因都出在我執。

所以只要下定決心，除了記住自己的名字，其他一切都拋諸腦後，所有的痛苦應當都會煙消雲散。

世上不可能有人什麼事都會，
只要發掘自己的能力，然後善用自己的能力就夠了。

捨棄「不想輸給別人」的我執↓絕不能輸給自己的怠慢心！

人類一般都討厭輸。人們經常使用「不認輸」這個詞語，但是，「不認輸」有兩種。

一種是抱著我執和自尊，由於不想輸給別人，所以為此而戰。這是我執，從佛教觀點來看是不對的。不想輸給某人的思維，絕非好事。

另一種和我執無關，是**正確的不認輸，那就是「絕不能對自己認輸」的心態。如果是沒有認真面對問題，以致於輸了，那就是輸給了自己怠慢的心。**

這種情況，是對於自己該做到卻沒做到的事情反省而感到羞慚，這是對自己的戒慎警醒，並不是我執。

竭盡全力＝成功，就會帶來快樂！

「我一定要做這樣的工作！」「今天我一定要下廚！」這些是對自己的挑戰，並非想被什麼人讚美，而是不想怠惰、半途而廢，想要盡全力去做的態度。以做料理的態度來說，就好比決定要做出讓每個人吃了都覺得美味到無可挑剔的料理。雖然就某個層面來說也是不服輸的性格，但是不服輸的對象並非他人，而是自己，這就沒有關係。

請記住：**人類只要自己該做的事竭盡全力去做，這就足夠了；與他人的勝負成敗，完全不需要考慮。**

「不認輸」有兩種：一種是抱著我執和自尊，是不對的；另一種是正確的「絕不能對自己認輸」的心態。

以小小的「成功」串連你的人生

所謂人生，就是做的事即使微不足道，只要成功就能感到快樂。因此我們每天只要計畫「該怎麼做才能成功」，這樣過生活就好了。

只要設定十分鐘左右可完成的目標就足夠了，十年的長期計畫太辛苦了！

我認為適合的計畫是「盡力完成自己必須在十分鐘內做完的事！」「把這十分鐘內做的事，全心全力設法讓它成功！」這麼一來，每一次的成功都能感覺到喜悅與幸福感。以這樣小小的計畫，一個個接續起來，串連起自己的成功人生。

應當生氣而不生氣，才是贏得自己的人生！

阻礙計畫成功的，是忿怒。

忿怒發生的瞬間，計畫就會失敗。我們總是在短短的瞬間生氣。比方寫信時，字寫得不好或寫錯時，在那個瞬間會感到煩死了，怎麼老是寫錯字，為這種小事而生氣。另外，操作的機器沒辦法順利運轉時，也會一面抱怨怎麼搞的，怎麼都不動？並且反射性地對機器又打又踢。這時候已經處在怒氣當中了。

「忿怒」和「失敗」是一體兩面。失敗了就會感到後悔、悲傷、不開心，換句話說，就是嘗到不幸；而嘗到了不幸，也等於是人生的失敗。

相反的，若發生許多應當會生氣的情況，而沒有生氣，那個人就是贏了自己的人生。在每天的日常生活中，留意著可能會發生的瞬間忿怒，小心別讓自己生氣；之後的狀況，必定能夠按照自己的期望順利進行。

能夠控制忿怒的瞬間，就是自己的獲勝時刻。

請你感受那個當下，並且牢牢記住。這麼一來你就不會成為輸家，能夠成為勝利者。

所謂人生，就是做的事即使微不足道，
只要**成功就能感到快樂**。

捨棄立場，將重點放在針對問題、解決問題

生氣的人是輸家。沒有任何知性可言，只是一具發怒的肉體。相反的，能夠立刻覺察自己心在當下萌生的忿怒，並且不生氣，就會發生美好的事。你能以智慧去思考這個問題該如何處理，也能夠戰勝對方的忿怒。而且這樣的「獲勝」的刺激，心情會感到非常愉快。

假設有個人說「這是A」，另一個人反駁「不對，這明明是B」，兩個人因而開始爭吵。

這時有第三個人出現，他斷定地說：「這個人說的才對，那個人是錯的。」這樣的做法並不正確。應該運用智慧，不是論斷誰對誰錯，而是展現一起思考問題的態度。

第三個人若能說：「在這種情況下，這個答案是不是比較好？」如此一來，對方的忿怒就會消散。

我個人經常運用這樣的方法。當別人提出問題，或是一定得想出解決方案時，使用這種方法，就算是一整年份的工作量，也能在一個小時內解決。

重點是，不要被對方的忿怒或言詞牽著鼻子走，只針對問題本身想對策。

不能想著這個人這麼汙言穢語的，一定不是什麼好東西。因為不好的是忿怒，而不是那個人。

所以，思考的方向應該是：「這個人是以這樣的情緒在陳述；那個人是以那樣的情緒在陳述；不過實際上，問題的本質應該是這樣的。」

然後告訴對方：「問題是這麼一回事是吧？那麼，如果這樣回答呢？」

完全捨棄自己的立場、狀況與意見，這麼一來，大家就自然而然能夠接受你的想法。

不要被對方的忿怒或言詞牽著鼻子走，

只針對問題本身想對策。

以智慧戰勝對方的忿怒

時常會有人來到我這裡，開始爭論不休，看似一副沒完沒了的樣子。他們會爭辯著這樣是不可以的，要是這麼做，自己會很困擾。

但是我不贊同以感情用事的方式說話，所以我會說：

「請等一下。不是各人覺得怎麼樣，重要的是有什麼問題？為什麼會有這個問題？只針對這些重點來談。」

這麼一來，大部分的人就不會再爭論不停。

只需稍加思考，自然能夠整理自己的情緒，確實把握問題的重點。

然後只要針對問題陳述：「在這種情況下，應當是這個樣子吧？」而對方也就往往能認同地表示：「嗯。沒錯沒錯。」並且接納意見，成為自己所要的答案。

當最後我問大家：「還有沒有想說的事？」

大家都能回答：「沒事沒事，已經沒問題了。」彼此都能和善相處。

我們運用智慧，冷靜處理問題的結果，就能讓原本要花費好幾個鐘頭爭論的

問題，根本不需爭辯，就能順利解決問題了。對自己來說，因為事情能夠順利解決，既感到心情愉快，又能讓大家的怒氣平息。

說得更明白點，就是「以智慧戰勝對方的忿怒」。能夠成功跨越對方的忿怒非常有意思，自己也會跟著有自信。

請你牢牢記住這一點：生氣了就輸了。要勝過充滿忿怒的對方，其實是非常簡單的。

不當忿怒海綿，心要像水晶一擦即亮！

為了做到不管發生任何事都不生氣，還有一件必須突破的事。那就是如果有人做了一定會令人生氣的事該怎麼辦？

以智慧戰勝對方的忿怒，
自己也會跟著有自信。

要是那個人只對他自己有害的話，對這樣的狀況一般人都應當不會生氣。看到有問題的地方，只需和顏悅色的指正他就可以了。

但是，如果他是衝著你來，做了許多令你生氣的事情，情況就不同了。你明明沒做錯什麼事，對方卻令你蒙受損失，或是忽視和輕視你，對你有差別待遇，甚至陷害你。這種時候，該怎麼辦才好？

或許你會認為，這種狀況下還笑臉以對，不就會被當作笨蛋？但是，正因為對方把你當作笨蛋，如果你生氣了，反而等於默認你就是笨蛋，對方就獲勝了。

當對方罵你「你是笨蛋！」「你無藥可救了！」「你一點責任感都沒有！」對於這些空穴來風的責難，只要你一生氣，就等於是全部承認了。

不管是對方多麼不講道理的中傷誹謗，自己也不會因此而被他人瞧不起。所以不論對方怎麼說，你大可以坦蕩蕩地說：「你愛說什麼就說什麼，請便。」雖然這需要勇氣，但問題一定能迎刃而解。

想像自己有如水晶一般，也是很好的辦法。

只要你時常讓心保持如水晶般的光潔明亮，不管對方用什麼顏色的水潑灑上去，甚至塗抹上惡臭的東西，只要稍加拂拭，就能完全恢復潔淨，不是嗎？

只要我們常保如水晶般的心態，所有外來的攻擊，多半都能迎刃而解；相反的，要是你像海綿一樣全部吸收，那就是你輸了。

堅守不動怒，對攻擊者採嚴正訓誡

假設這麼做，對方還是照樣攻擊你的話，那就更強有力的指正他吧！

強而有力的指正並不是發脾氣，這是被允許的。

社會上偶爾總是有人會給別人添麻煩，這樣的人只像是一副無知的軀體。遇到這種人，可以嚴正告訴他：「你不要再這麼做了。要是你再做同樣的事，我也會以

時常讓心保持**如水晶般的光潔明亮**，
只要稍加拂拭，就能完全恢復潔淨。

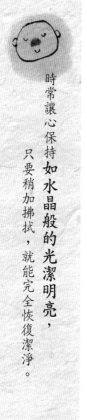

我的方式來處理。」

「我不生氣」絕不是指退縮逃走。只要秉持堂堂正正的精神，就與忿怒無緣，但就算是嚴正訓誡，只要一動怒，自己就輸了。

絕對不動怒，運用你的智慧和知識，告訴對方：「要是你再做出相同的事，我也會同樣反擊。」對方一定會有所畏懼。

要是你帶著怒氣這麼說，就是和對方變成同樣的無知狀態，就無法產生效果。有智慧和知識的人，對於造成自己損害的人，就能夠做到只將受到損害的部分照樣奉還。

讓恣意妄行的人攬鏡自觀

假設有個人被殺了，被害者這方的人都非常憤慨，咒罵犯人去死，甚至採取報復行動。在日本常可以看到這種狀況。

可是，這絕對不是正確的做法。如果我的家人被某個人殺了，我一生氣所以怒吼要殺了他報仇，因而殺死對方，這不就犯下了同樣的罪孽嗎？

大家一定都明白，這種做法是不正確的。有人做了過分的事，我們只需要讓他受到一點懲罰，讓他知道自己做錯了，這樣就夠了。

不過，這必須自己非常冷靜才行。只有非常有智慧及理解力的人才做得到，對一般人來說，或許很困難。

「我不生氣」絕不是退縮逃走。

但必須注意，就算是嚴正訓誡，只要一動怒，自己就輸了。

譬如說，假設有個人欺負我。但是我並不生氣，而且我很清楚這是因為他不夠聰明，才會做出欺負他人的事。我會以相對應的方式來處理——因為這個人是笨蛋，要是這麼做，或許很有趣。我會以半開玩笑的心情對他「禮尚往來」，讓對方些微感受到自己有多麼愚蠢。具體方法我不教各位喔，因為要是有人依樣畫葫蘆來對付我，那可有點恐怖呢！

但是，請記得一件事。要是對方藉著自己毫不動怒、沉著以對的機會，加以攻擊、輕蔑、為所欲為，那就應該讓他照照鏡子。自己沒必要生氣。**看你是要選擇頂回去，採用攬鏡自觀的法則；還是以牙還牙，反擊對方所做的事。我認為只有這兩個選擇**。要是能夠讓對方照照鏡子，看到自己在盛怒狀態下的表情，他一定也會感到畏怯的。

那麼，該怎麼讓對方照鏡子呢？

我們假設有個人正疾言厲色地對你破口大罵。如果對於被罵的話語也惡言相向，或是為自己辯解，那就會變成把對方的忿怒也照單全收，自己的心情也會變得很差，這就正好稱了對方的心意。

也就是說，當我們怒罵回去時，就形同完全被對方擊敗了。

說穿了很簡單，讓對方看看鏡子的方式就是告訴正在怒罵的對方：「啊，你現在非常生氣，一定很難受吧！你的手好像在發抖。你似乎是很容易動怒的性格，這樣將來會很辛苦喔，我很為你擔心。」

就像這樣，不需要反駁他所說的話，也不需要對他的心境做善惡判斷，只需說明自己看到的狀況和擔憂的心情。

這絕不是盛怒下的對方所能預測的反應，所以他的戰略就無法奏效，被罵的一方也能冷靜下來，這樣一來，雙方都能得到幸福。讓對方照鏡子的做法就是如此。

也請回想我之前說過的閻羅王的故事。

要是對方爲所欲爲，
那就應該**讓他照照鏡子**。自己沒必要生氣。

笑得出來，怒氣就消

為了消除怒氣需要智慧。而和智慧最能相得益彰的就是「笑」。

我們現代人很容易忘記「笑」。「笑」和「怒」是誓不兩立的。所以為了不要生氣，請盡量常保持笑容。人們如果忘記要笑，將會招來惡運。

首先請對你的心說：「我想過著有笑容的生活。」然後，發自內心決定：從今天開始，我要成為笑口常開的人。我要不害羞、坦然自若地放聲大笑，並且徹底實踐。雖然理解起來很簡單，實際上做起來或許有些困難。

笑和怒的性質完全相反。

若是決定了不管發生什麼都要以笑容面對，就算生氣，只要立刻能笑得出來，一定可以消除大部分的怒氣。不管在任何時刻，都不要忘了時常保持笑容。

也有藉由笑來治療疾病的方式吧！只要讓患者多笑，性格就會變得開朗，也能活絡免疫系統，殺死壞細胞。

能笑的人最有智慧

生氣的時刻就是無知的時刻，這件事我不厭其煩的一直強調。

相對的，適切地笑出來的剎那，就是智慧運轉的時刻。

我們為什麼會笑呢？經常是因為「很好笑」。有時我們會說：因為太好笑，忍不住捧腹大笑。這種狀況通常是從一般常理來看，令人感到彆扭或有違常情的事。在笑出來的瞬間，是因為我們理解了其中的不合理，不是因為我們無知，更不是因為我們是笨蛋或是傻瓜。

生氣時則相反，是處於莫名不知所以的狀態。**當我們能以智慧和知識來取代無知，就能夠用笑來代替忿怒。**

在這世上有許多種不同的文化。為了逗人們發笑的文化型態當中，包括了短

適切地笑出來的剎那，

就是**智慧運轉的時刻**。

劇、歌曲或漫才（類似對口相聲）等文藝活動。

下次請試著客觀地欣賞，感到好笑時認真思考一下：為什麼人們聽到這個會覺得好笑呢？

你就會發現，能編出令人發笑的故事，往往是因為他們對於人們的生存方式及其他生活細節，都做了研究與理解，從中找出有趣而發人省思之處。

智慧與理解能產生幽默和幸福

其實，這並不是要我們像傻子一樣讓大家嘲笑。

能夠逗人笑的人，需要相當的智慧、知識與理解力，是件難度很高的工作。必須能夠思考：在正常狀況下，人們會這麼做才正確；但是這段故事，要表現完全相反或滑稽的一面。這樣才能創作出精彩的故事。

正是因為原本大家都以常理思考，所以出現背道而馳的狀況時，就會產生「笑」的動力。而笑的瞬間會使我們頭腦更清醒，更能清楚地看見事實。

不過，有時候會出現有人拚命講笑話，但聽者卻覺得並不好笑的狀況。這是因為聽者完全不理解笑話內容。

經常有人會形容某個人經不起開玩笑。這種時候，我們對那個人是抱著什麼印象呢？是不是會認為連說笑都聽不出來，真令人訝異。那個人也未免太遲鈍了吧！

我們覺得好笑，是因為大腦「理解」了聽到的內容，否則無法產生幽默感。

總之，請你常保持笑容。在笑的當下你會感到幸福，免疫力也會增強，氣色也會變得健康美麗。

常常笑的人，也會受到別人歡迎，就許多方面而言，生活一定能夠很幸福。

化粧或打扮都必須花費許多錢，但笑容連一毛錢都不用，就能開心美麗和幸福！

能夠逗人笑的人，需要相當的**智慧、知識與理解力**。

智慧的笑與無知的笑

有關笑這件事，還有必須注意的一點。我想說的是「請你盡情地笑以獲得幸福」，而不是「因為幸福所以笑」。

「因為笑所以幸福」和「因為幸福所以笑」，這兩種情況的笑完全不一樣。「因為幸福而笑」當中潛伏著危機，可能會因為無知，導致掉落在某個陷阱裡。

「我很幸福。因為我有錢、什麼都有，所以我可以很滿足的笑。」這樣的人，結果下場悲慘的也不少。這是因為，所謂完美無缺的世界是不存在的。原本俗世的物質生活就不可能有完美無缺的幸福。然而，在這種狀況下**認為自己獲得完美的幸福，等於在那個時間點上放棄了追求更高層次的幸福，與怠惰不求精進已經畫上等號了**。

「我很滿足」「全部都很完美」「小孩很乖很聽話」「丈夫很體貼」「妻子很溫柔」「公司也很好」「一切都很順利」「我很幸福」「活著實在太好了」，若是因為眼前的這些事情順遂而笑，只是個幸福的傻瓜而已。這當中產生的笑，是非常無知的笑。

我希望各位**不要混淆了「智慧的笑」與「無知的怠惰者的笑」**。

能夠帶給人真正幸福的，不是像傻瓜一樣無知的笑，而是「經過稍微思考以後，笑看萬事萬物」的這種智慧的笑。

不是以「笑」為目的

雖說只要笑出來就好了，但也不可以耽溺於「笑」的本身。

因為**笑這件事並非我們的目的**。因為太開心高興過度，所以笑個不停，所以把工作忘光光了——這並不是正確的笑。這只是和成癮藥物相同，全心放在有趣的事物上面而已。

「因爲笑所以幸福」和「因爲幸福所以笑」，

這兩種情況的笑是完全不一樣的。

正確的笑既不是「因為想笑所以笑」，也不是「因為幸福而笑」，應該把這兩種都擱到一邊，保持笑臉迎人。

愚蠢的人為了想笑，到處尋找表演趣味漫才的地方，看完哈哈大笑後回家。因為在家笑不出，所以刻意到充滿歡笑的場所強迫自己笑，這樣不是很怪異嗎？

我的建議是：不管在家中，或是在外面都能夠笑。工作順利也好，工作失敗也好，都能笑得出來；也就是讓自己不管在何時何地，都能滿懷喜悅。因此，沒有必要為了笑，特地出門到別的地方去。

練習笑力，世界多美好！

為了能讓自己這麼笑，該怎麼做才好呢？

簡單的說，現在立刻就應該笑。**現在就笑，是指立刻開始養成笑的習慣**。

雖然心想現在就笑，一開始或許會笑不出來，甚至有人為了笑不出來而生氣。不過，直率的人就會想，就算這樣還是一定要笑，並且強迫自己一定要笑。

不可思議是，試著勉強自己笑了以後，不知不覺間，就能逐漸發現新奇有趣的事。這就是所謂神智清明的狀態了。因此，若是二十四小時都能愉快地生活的人，不管看見什麼，都能從中發現有趣的事。

比方說，小孩子不管在什麼地方，待不到一分鐘，就能立即發現可以玩的東西。不管你給他什麼東西、帶他到哪個地方都沒關係。只要他待個一分鐘，就會開始玩起來了。對孩子來說，只要有某樣東西，就足夠了。不過，這只限於孩子還很小的時候。

讓小孩子開心是一件很容易的事。就算只是跟他玩玩捉迷藏遊戲，孩子就會笑了。為什麼會這麼開心，我猜孩子自身應該並不清楚。頂多只是覺得：媽媽好像很開心，所以我也很開心而已！

試著勉強自己笑了以後，

就能逐漸發現新奇有趣的事。

尋找有趣事物其實很簡單！

像這樣，只要我們下定決心，不管發生什麼都能笑出來的話，要發現有趣的事物就不困難。

不可思議的是，所有現象必定都有新奇之處。這世上沒有一件事是完美的，所以不會缺少奇異的事物，只要想笑，不怕找不到對象。

不過，我沒辦法向任何人具體描述，只能靠各位自己去發現。

有時候，即使告訴身邊的人有趣的事，對方也無法理解，只好決定自己一個人笑就好了，暗自開心不已。我雖然沒有表現在臉上，但心中也把許多現象視作可以用來笑的工具。

事實上，不管任何事物，一定都能從中發現有趣的現象。

沒有任何事物是完美的。從這個立場來看世界，就能漸漸發現笑的題材。

比方說，在雨中撐著傘出門去搭電車。把傘收起來時，雨傘尖端不是會有雨水流下來嗎？我看到淌下來的水滴，心想：水會流到哪個方向呢？一旦電車停下來時，又想：這次會流向哪裡呢？只要水滴一流動，就開始猜想這次會流向哪裡。光是看著水滴在電車地板上的冒險，也覺得非常有趣。如果水滴沒有流動，我也會觀察水滴在傘尖匯聚而出的形狀。或許坐在我前面的人完全沒注意到，其實我總是做著這樣的事情。

能笑是強者的證明，發怒是敗者的烙印。為了更開心地活著，就從現在開懷大笑吧！那麼，你就會和忿怒無緣。

生氣是選擇失敗的愚者的行徑，有智慧的人會毫不猶豫地選擇笑的道路。做哪個選擇，一點都不困難。

爲了更開心地活著，**就從現在開懷大笑吧**！

那麼，你就會和忿怒無緣。

發揮同理心，就能冷靜思考

「同理心」（understanding）也是一大重點。這不只是以頭腦來思考，做知識性的理解，而是「包含狀況及其背景的掌握」。

為了做到這一點，首先要冷靜下來。

比如，聽到孩子說不想上學時，我們一開始會心慌意亂，焦急得不知怎麼辦才好。於是忍不住命令孩子：「不可以說這種話！趕快去上學！」當你這樣說的同時，你已經處在忿怒中了。

要是你能夠稍微平靜下來，稍稍以同理心去思考，或許就能想到孩子不想去學校，一定有原因。

不了解這一點的家長，就會開始萌生一連串不相關的想像：要是跟不上課業就糟了；要是被鄰居知道了，不知道大家會怎麼議論；隔壁鄰居的孩子都乖乖去上學呢！結果，完全只考慮到自己，沒有考慮孩子的心情，只是命令孩子去學校。孩子是一個獨立個體，並不是父母的奴隸。

這種情況下應該先說：「是嗎？」然後自己調整一下呼吸，彙整一下目前的狀況。只要這麼做，就能想到：孩子不想去學校，一定有什麼原因，而心情應該就能冷靜下來。

這時候，你的臉上表情就不會露出一副「糟糕了！」的樣子，而能夠以笑臉面對孩子，孩子也能夠感染到這種不緊張的氣氛。

接著，你就可以進一步再問孩子：「沒辦法去學校是不是有什麼原因？」或是「有什麼我能夠做的嗎？」就算自己什麼都做不到的狀況，至少也能跟孩子說：「要不要跟我聊一聊？」

在談話過程中，注意不要又變回從家長的角度來思考。要盡量和孩子的頻率一致，傾聽孩子說什麼，理解問題的真正所在，一定能想出解決的辦法。

要做到同理心，首先要**冷靜思考原因**，傾聽對方、理解問題，才能想出解決的辦法。

又好比說，丈夫回到家露出很不開心的樣子，說不定也會對太太說了些過分的話。這時候，要是太太也跟著生氣，針鋒相對，絕對會鬧得不可開交。

這種時刻，只要太太先冷靜思考一下：丈夫今天看起來似乎心情不太好的樣子，就能夠平靜的問問看原因是什麼了。

在公司裡也是如此。

有個人希望業績能提升，因此完全不給別人工作或情報，只有自己拚命埋頭苦幹。假設公司狀況變得越來越糟時，沉不住氣的主管或同事就會開始生氣：「這個傢伙什麼都不報告，擅自把工作全都攬在自己身上，很傷腦筋！」

這種時候，主管和同事要是能夠平靜下來的話，就能想到：「他因為想提升業績所以拚命努力」「他只是愛面子」或是「他實際上做不來這個工作，但是如果跟公司報告，公司會把工作委派給比他有能力的人，所以才想自己攬下來做……」等等，就能夠思慮到這些當事人行為的背景原因。

這麼一來，答案就出來了。要是暫時還不會有什麼問題，就暫且不管他；如果放任不管對公司會有負面影響，只要平靜地告訴他：「這個工作我們來做，你做其他的工作。」

像這樣「多付出一點同理心」，也是消除怒氣的一種方式。

假設自己做了什麼事失敗了而受到責備，不是只想著「煩死了！」而是客觀地發現：是自己出了這樣的錯，對方才會這麼罵我。儘管這樣的小差錯只需要勸說一下就好，對方似乎有點罵過頭了。

只要能夠讓心平靜沉穩下來，就能在當下有所精進了。

如何和忿怒的人共處？

假設你想努力實踐「不管發生什麼都不生氣」。不過，就算你能夠冷靜，周圍也總有人會生氣吧？這種狀況下該怎麼辦呢？

「多付出一點**同理心**」，也是消除怒氣的一種方式。

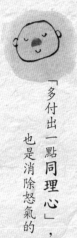

這種時刻，一定要比平時更冷靜，更客觀地覺察事物。

比方要是公司的經理生氣了，你不妨這麼想：「因為他是經理，所以他會站在經理的角度來看事情。要是我變成經理，說不定也會跟他一樣。因為我們的工作總是出錯，所以他只能整我出氣，所以他也是受害者。」

又好比被婆婆虐待媳婦時，狀況也相同：「婆婆也是被害者。原本她一直都像女王一樣可以支配所有事情。結果兒子被搶走，一個外來的人握有全部權力。現在她被排除在外，變成孤伶伶的一個人。她是受害者。」

不是和對方一起生氣，而是觀看對方內心，發現：

「這個人因為沒有自信感到不安，所以才會欺負別人、貶低別人、無視別人。他之所以貶抑我的能力，是因為自己缺乏能力。這個人只是在發洩自己的忿怒而已，是個受害者。」

沒有必要消化別人的垃圾

忿怒就像滾雪球般會越滾大，大部分處在生氣狀態下的人，都是越氣越怒不可遏，終於演變成不可收拾的地步。

無法自己消解忿怒的人，會使自己的心充滿了忿怒的毒素，只好把這個能量往外釋放。因此，處在忿怒狀態下的人，就會罵咧咧個不完。對聽者來說，其實不勝其擾，因為自己並沒有做錯什麼。

假設有個無能的上司故意貶低有能力的部下，這種狀況下，被貶低的部下心中只要想著：「這個人年紀大了，卻沒有能力，所以為此煩惱不已，只好發洩他的壓力，所以我就當作幫他消解這種壓力吧！」記得，我們只要聆聽就好了。

不過，即使聆聽對方的煩惱，也沒有必要在情感方面承接對方的忿怒，導致自身的沮喪。因為他只是把體內的垃圾傾倒出來而已，我們沒有必要特意把自己變成垃圾筒。

即使聆聽對方的煩惱，他只是把體內的垃圾傾倒出來，我們沒有必要**把自己變成垃圾筒**，承接對方的忿怒，導致自身的沮喪。

處在忿怒狀態下的人，就像吃了腐敗的食物，腸胃不舒服而吐出來一樣。

因為當事人的言語和行動都是為了排放囤積的忿怒毒素，只要清乾淨了就能平靜下來，所以就讓他盡量地排放出來即可，沒必要把他吐出來的東西吃下去，連自己也弄壞肚子。只要抱著這樣的態度就好了。

比方說，不管原本是多麼美味的食物，誰都不可能把吐出來的食物再吃下肚子吧！忿怒就好比這樣的東西。

所謂生氣的人，總是自己生氣還不打緊，還連帶激怒他人。這跟自己吃了對身體不好的東西又吐出來，然後叫別人吃是一樣的。

因此，絕對不可以把那樣的東西撿起來吃。周遭若是有人怒氣沖沖地講話，自己也連帶受影響跟著生氣，請你一定要銘刻在心：「這就像是別人吃了腐敗的東西又吐出來，自己卻把它撿起來吃一樣。」

絕對不要把他人的忿怒照單全收。只要你能讓你的心境成為這樣的狀態，對於他人的忿怒，就可以很快讓它煙消雲散了。

不生氣，就會帶來咒語般的奇蹟！

若是對正在生氣的人，或是怒罵自己的人挑戰一次、試著不動怒看看，你應當會很驚訝地發現，竟能和對方變成朋友，雙方誰也沒有損失，得到雙贏。

因為對方毫無道理地怒罵你，而你卻能不動怒，反而微笑鎮定地說：「沒辦法，心是自由的。我沒辦法干涉別人的忿怒。」你想情況會是怎麼樣呢？

即使對方勃然大怒，你也不要在意地對他笑一笑，不知不覺中，你會發現對方的忿怒會逐漸平息，也能隨著你露出笑容，兩個人言歸於好。以後他應該就不會再找你胡亂出氣了。

只要你試著做做看，這就宛如咒語般，能產生奇蹟的能量。

絕對不要把他人的忿怒**照單全收**。

別人吐出來的東西，別撿起來吃！

你可能會懷疑，有可能嗎？

事實上，「不生氣」的確會帶來奇蹟。

不過，這是必然的邏輯，其實不算是奇蹟；但卻是可將周遭的敵人，一個個變成你的朋友，這就是「奇蹟」。

不僅如此，因為「不瞋＝沒有瞋（怒）的狀態」，這樣的力量將使你迅速成長為有自信的人。

只要試試看，你就能開始感受到「不貪＝沒有貪（欲）的狀態」、「不痴＝處於理性的狀態」這些正面的能量。

能夠做到「不貪、不瞋、不痴」，過去的事就能成為平靜的回憶。

要是生出「貪、瞋、痴」，就會有不愉快，成為你日後不想回顧的記憶。

但是，只要你有戰勝貪瞋痴的經驗，不管何時回想起來，心情都能感到愉悅。

貪瞋痴不管對自己或他人都是一種困擾，因此，戰勝貪瞋痴，就能給周遭帶來安寧和平靜。

每一個個人完全沒有必要「為了和平宣言、和平運動而戰」「為了和平，生命也在所不惜」，在佛教世界中，可以不必不做那些無謂的事。能夠控制貪瞋痴的人，就像火燭般能為他人帶來和平的光亮。

若是能夠戰勝貪瞋痴，自身就能散發和平的光芒。

「不生氣」可將周遭的敵人，一個個變成你的朋友，這就是「**奇蹟**」。

視忿怒為恥辱，才能真正徹底消除忿怒！

忿怒的人，不管在精神或肉體上都是徹底的弱者。

因為缺乏勇氣，所以只好以言語暴力來貶抑對方。這個社會也充滿了製造武器以使自己更強盛的思考，這是因為本質脆弱得可憐的緣故。

反過來說，因為能夠不生氣，使得我們自身不管在精神或肉體上，都成為真正的強者。以社會性語言來說，能夠倡導和平的人是強者；認為自己一定不能輸，要跟對方奮戰到底的人，才是徹底的弱者。

和平需要勇氣，而戰爭根源於怯懦。

我們若是真正了解「忿怒最是醜陋無比」，在生氣的瞬間就會感到很羞慚。

要是生氣了，請馬上提醒自己：我真是脆弱，不管是精神層面還是肉體方面，都很脆弱。

或許我的說話方式，有人會覺得自己好像被看輕，有如被視為垃圾一般。

這是我故意的。

要是你因此感到生氣時，不要老想著這個作者是不是瞧不起人，而是設法徹底消除「自己當下的忿怒」。

把怒氣當作骯髒的垃圾、錯誤的腫瘤。

對於忿怒，請你要比過去更加引以為恥，如果不這麼做，怒氣就不會消失。

如果做得到，立刻能消除怒氣的方法就不勝繁數。

能夠**戰勝貪瞋痴**，
自身就能散發和平的光芒。

心念稍轉，每個人都能活在幸福中

「忿怒」將會招致不幸。

我由衷祈願眾生皆得幸福美滿。哪怕是一分鐘、兩分鐘、甚至三十秒的須臾苦惱，均是徒增自擾。

當你懊悔並咒罵「可惡！我輸了！」的瞬間，不幸已然匍匐逼近。芸芸浮生若寄，何須自尋苦楚與煩憂。期盼大家永保開朗、常懷喜樂，只要心念稍轉，即可愉快自在過生活。

無論如何，絕對別讓忿怒所衍生出來的不幸，悄悄地溜竄進你的心裡。

這麼一來，我們在當下的環境、當下的每一刻，都必能品嘗幸福的滋味。同時，因為積累了消除忿怒的訓練，智慧一定也會成長，更能透徹地洞見萬事萬物。因為實踐「不生氣」也是為了追求更大的智慧，邁向更加幸福的道路。

絕對別讓**忿怒所衍生出來的不幸**，

悄悄地溜竄進你的心裡。

野人家74

佛陀教你不生氣

——心平氣和的幸福生活智慧

作　　者　蘇曼那沙拉　Alubomulle Sumanasara
譯　　者　卓惠娟

總 編 輯　張瑩瑩
主　　編　蔡麗真

責任編輯　蔡麗真
協力編輯　吳季倫
美術設計　洪素貞 (suzan1009@gmail.com)
封面設計　黃育蘋
行銷企畫　黃煜智、簡欣彥

社　　長　郭重興
發行人兼出版總監　曾大福
出　　版　野人文化股份有限公司
電子信箱：yeren@sinobooks.com.tw
發　　行　遠足文化事業股份有限公司
地址：231新北市新店區民權路108-3號6樓
電話：（02）2218-1417　傳真：（02）86671065
電子信箱：service@sinobooks.com.tw
網址：www.sinobooks.com.tw
郵撥帳號：19504465遠足文化事業股份有限公司
客服專線：0800-221-029
法律顧問　華洋國際專利商標事務所 蘇文生律師
印　　製　成陽印刷股份有限公司
初　　版　2011年7月

定價　250元
ISBN　978-986-6158-45-2　
歡迎團體訂購，另有優惠，請洽業務部（02）22181417分機1120、1123

國家圖書館出版品預行編目(CIP)資料

佛陀教你不生氣：心平氣和的幸福生活智慧 /
蘇曼那沙拉作；卓惠娟譯. -- 初版. –
新北市：野人文化出版：遠足文化發行,
2011.07　面；　公分. -- (野人家；74)
ISBN 978-986-6158-45-2(平裝)

1.佛教修持 2.憤怒 3.情緒管理

225.87　　100011307

野人

野人文化
讀者回函卡

姓　名　　　　　　　　　　□女 □男　年齡

地　址

電　話 公　　　　　　宅　　　　　　手機

Email

學　歷 □國中(含以下) □高中職　□大專　□研究所以上
職　業 □生產/製造　□金融/商業　□傳播/廣告　□軍警/公務員
□教育/文化　□旅遊/運輸　□醫療/保健　□仲介/服務
□學生　□自由/家管　□其他

◆你從何處知道此書？
□書店　□書訊　□書評　□報紙　□廣播　□電視　□網路
□廣告DM　□親友介紹　□其他

◆你以何種方式購買本書？
□誠品書店　□誠品網路書店　□金石堂書店　□金石堂網路書店
□博客來網路書店　□其他____________

◆你的閱讀習慣：
□百科　□生態　□文學　□藝術　□社會科學　□地理地圖
□民俗采風　□休閒生活　□圖鑑　□歷史　□建築　□傳記
□自然科學　□戲劇舞蹈　□宗教哲學　□其他

◆你對本書的評價：（請填代號，1. 非常滿意　2. 滿意　3. 尚可　4. 待改進）
書名____封面設計____版面編排____印刷____內容____
整體評價____

◆你對本書的建議：

廣 告 回 函		
板橋郵政管理局登記證		
板 橋 廣 字 第 1 4 3 號		

郵資已付　免貼郵票

23141
新北市新店區民權路108-3號6樓
野人文化股份有限公司 收

野人

請沿線撕下對折寄回

野人

書名：佛陀教你不生氣——心平氣和的幸福生活智慧

書號：0NFL0074